ふたつの故宮博物院

野嶋剛

新潮選書

ふたつの故宮博物院　目次

第七章　故宮統一は成るのか　185

写真撮影　野嶋　剛
地図制作　網谷貴博
（アトリエ・プラン）

故宮の歴史的変遷

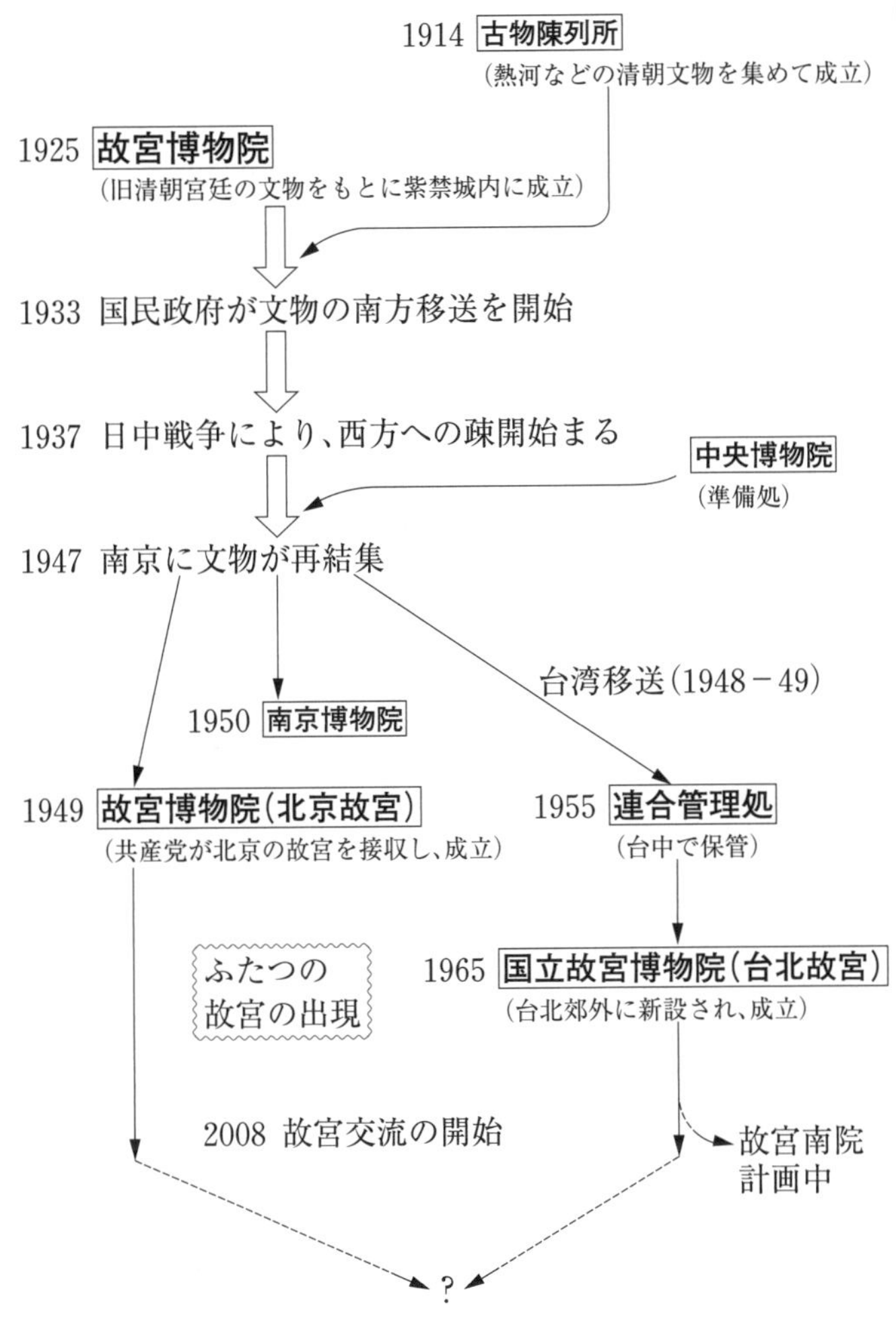

1914 古物陳列所
(熱河などの清朝文物を集めて成立)
1925 故宮博物院
(旧清朝宮廷の文物をもとに紫禁城内に成立)
1933 国民政府が文物の南方移送を開始
1937 日中戦争により、西方への疎開始まる
中央博物院
(準備処)
1947 南京に文物が再結集
台湾移送(1948－49)
1950 南京博物院
1949 故宮博物院(北京故宮)
(共産党が北京の故宮を接収し、成立)
1955 連合管理処
(台中で保管)
ふたつの
故宮の出現
1965 国立故宮博物院(台北故宮)
(台北郊外に新設され、成立)
2008 故宮交流の開始
故宮南院
計画中
?

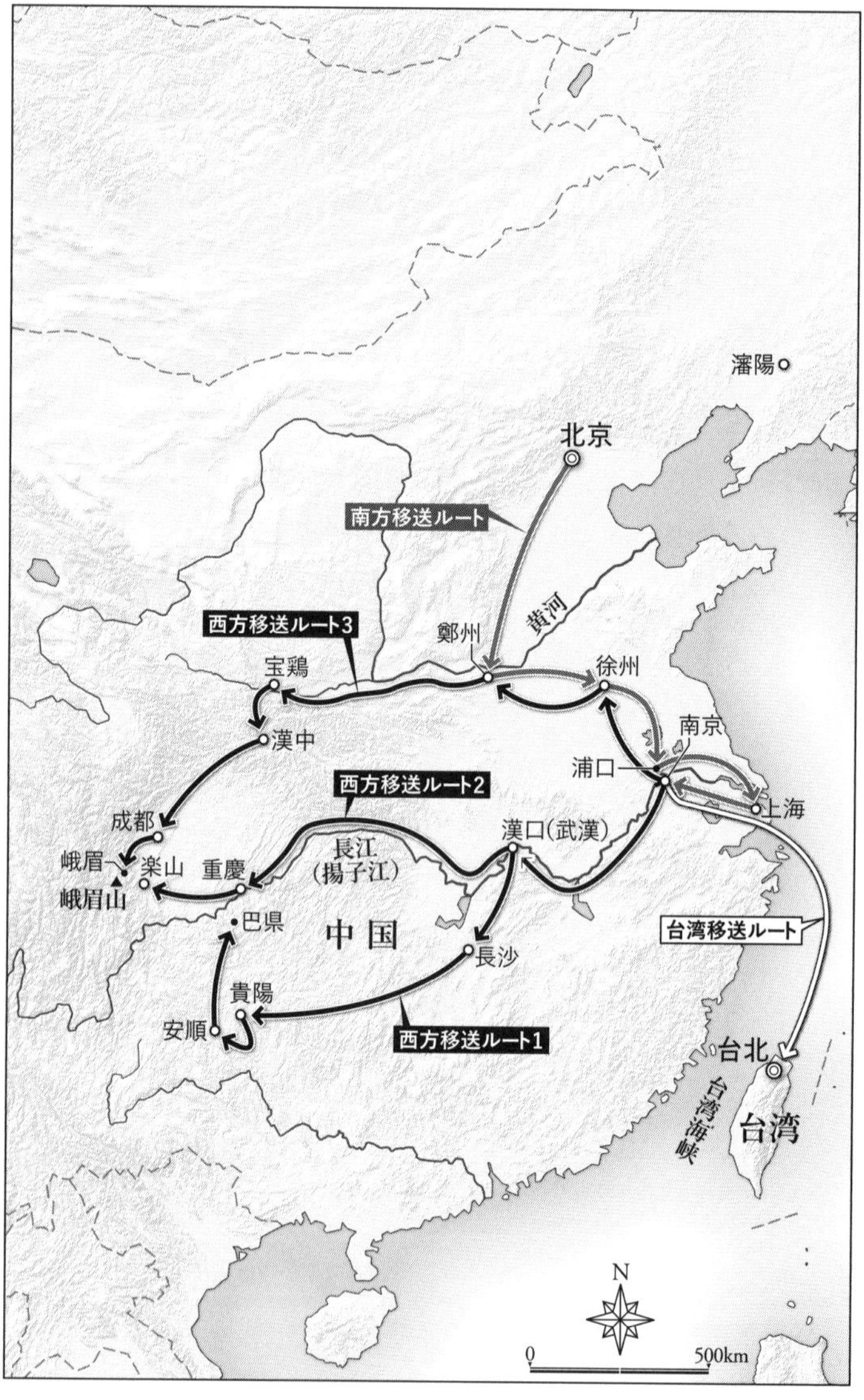

瀋陽
北京
南方移送ルート
黄河
西方移送ルート3
鄭州
宝鶏
徐州
漢中
南京
浦口
西方移送ルート2
上海
成都
漢口(武漢)
長江
(揚子江)
峨眉
楽山
重慶
峨眉山
巴県
中国
台湾移送ルート
長沙
貴陽
安順
西方移送ルート1
台北
台湾海峡
台湾
N
0
500km

ふたつの故宮博物院

序章　故宮とは、文物とは

台北故宮

故宮《こきゅう》は不思議な博物館である。

まったく同じ名前の博物館が、中国と台湾にそれぞれ存在している。商標権の侵害で訴訟合戦になってても不思議ではない。だが、現実には「ふたつの故宮」はお互いの存在を否定もせず、「我こそは本家」と声高に叫ぶこともしない。ただ黙々と同じ名前を名乗っている。同じような中華文明の文物を展示し、同じように「国家」を代表する観光地として、我々日本人を含め、世界の人々を魅了し続けている。

故宮とは主に中華文明の美術品や装飾品、資料などを収蔵、展示する博物館だ。

二〇一一年五月時点での中台双方の資料によると、北京の「故宮博物院」（以下、北京故宮）には絵画、陶磁器、文書など一八〇万点が収蔵されており、うち八五％は清朝が残した文物からなっている。

台北の「国立故宮博物院」（以下、台北故宮）の収蔵品は北京故宮よりもかなり少ない約六八万点。うち清朝が残した文物は九〇％を上回る。

基本的に、収蔵品の形態はそっくりである。もともと一九二五年に故宮が誕生したときは一つの博物館だったわけで、当たり前といえば当たり前なのだが、一九四九年に故宮の文物が台湾に運ばれて「ふたつの故宮博物院」状態が事実上始まってから六〇年以上が過ぎたいまも、どちらの故宮も従来の収蔵方針を基本的に固く守ったまま変えていない。

その収蔵方針とは「中華文明の粋《すい》を集める」のひと言に尽きる。

では、北京故宮と台北故宮、どちらが優れているのだろうか。

興味深いこの話題は、中国文物の専門家や愛好者の間で常に議論が戦わされてきた。収蔵品の数や多様さでは北京故宮がまさるが、クオリティにおいては台北故宮の方が一枚上手ではないだろうか。それが、世の中のおおよそ一致した見方である。

ただ、建築については、北京故宮は明・清朝の皇帝の住居である紫禁城という世界遺産をその展示場所としており、通常の博物館建築の台北故宮とは比較にならない。北京故宮は「紫禁城も展示品の一つ」という言い方をしており、総合的な優越性については簡単には譲らない構えだ。これに対し、台北故宮サイドの口の悪い人は「北京（故宮）は空っぽの器」と言ったりもするが、これはやや言い過ぎであろう。近年の収集の活発化や考古学的な発見などもあって、北京故宮の収蔵品も充実度を高めてきている。

本書は故宮の芸術的価値を論じることを目的としていないので、収蔵品の優越性の問題にはこれ以上踏み込まない。私の専門は、文化や芸術ではなく、政治・外交である。取材の経験を通じて、磁器の現物を見れば年代や製造された窯《かま》の名称が思い浮かぶ程度には詳しくはなったが、しょせんは門外漢の域を出ていない。本書において、ジャーナリストとして見極めたかったのは、「ふたつの故宮博物院」が存在するに至った原因とその後の展開である。

「ふたつの故宮博物院」は中国と日本を主役とする東アジア近代史の落とし子だと言うことがで

きる。日本が引き起こした戦争とその後の中国内戦の結果、中国大陸の「中華人民共和国」と台湾の「中華民国」という思想の異なる国家が生み出された。この分断が「ふたつの故宮博物院」を生んだ。

複雑な展開をたどり、いまも変化し続けている故宮問題の背後にどのような歴史が横たわり、どのような政治指導者の思惑が潜んでいたのかを解き明かすことが本書の最大の狙いである。故宮を通し、政治権力と文化の深奥な共存関係のありようを描き出してみたい。

故宮の歴史について、一九二五年の誕生から一九四九年の分断にいたるプロセスは故宮の元幹部や研究者によって多くの類書や論文が中国、台湾、日本などで出版されている。関係者の証言も歴史的資料の発掘も、ほぼ出尽くしていると言っていい。

一方、台湾において一九六五年に台北故宮が建築された経緯や、台湾・民進党政権による故宮改革の試み、近年の中国における文物収集の活発化、二〇〇八年の台湾・国民党の政権復帰後の中台両故宮の親密な交流ぶりなどは、日本のみならず、中国・台湾でもほとんど体系的には取り上げられておらず、本書の力点もその部分に置いている。

しかしながら、故宮問題の魅力の根源には、その数奇な歴史があることも紛れもない事実であり、本書でも、歴史資料や関係者の証言、私自身の現地訪問などの材料をもとに一定のスペースを割いて紹介している。

二〇年前に台北故宮で感じた違和感

私が二〇〇七年から二〇一〇年にかけて新聞社の特派員として過ごした台湾にある台北故宮から話を進めたい。

台北故宮を初めて訪れたのは一九八〇年代の末だった。

当時、大学生だった私は台湾側の主催である国際青年交流イベントに参加し、二週間かけて台湾各地を案内された。当時、総統の蔣経国はすでに病床にあり、副総統だった李登輝に歓迎レセプションで握手してもらい、「背の高い人だなあ」とびっくりしたことを覚えている。参加者の多くは台湾が外交関係を維持している中南米、アフリカ、南太平洋の国々から招待されており、普段出会う機会の少ない国の人たちと友人にはなれたが、ツアーの最中は台湾の政治的宣伝ばかり聞かされ、それほど収穫の多くない旅だった。

そんな退屈なツアーに組み込まれた故宮訪問の印象が後々まで深く記憶に刻まれ、結果として二〇年後、故宮取材に向き合う好奇心の発源地となるとは、当時は想像しえなかった。

台北故宮は台北市街から少し離れ、山地と平野が交わる「外双渓」という台北の奥座敷にあたる土地にある。中国宮殿式のやたらと長いエントランスを抜け、背後に山を背負った博物館の建物に入ると、まずロビーの薄暗さに驚かされた。展示室は天井がやけに低く、圧迫感があった。ガイドさんたちの服装は役所の事務員のようで、やる気のなさが伝わってきた。素晴らしいと聞いていた展示品のことより、全体に活気のない様子が私にはかえって面白かった。

ガイドさんの話で一つだけ覚えていることがある。

「前の蔣介石《しょうかいせき》総統は故宮の文物の安全を考えて、こうした山のなかに故宮を建てました。倉庫も山のなかに掘り下げて作っているので、中共（中国共産党）の爆弾が落ちても文物は安全なのです」

大まかに、そんな話だった。

私が漠然と感じたのは、これほど素晴らしい展示品がありながら、ちゃんと見せようとしないのはなぜなのだろう、という疑問であった。ちなみに、現在の故宮は二〇〇七年からの全面リニューアルにより様変わりし、エントランスは採光式の建築によって見違えるほど明るくなった。展示室の雰囲気や職員の応対も目に見えて改善されている。

その当時はもちろん知らなかったが、取材を通じてたどりついた結論を先に述べれば、台北故宮は、博物館が本来持つべき目的である参観者への啓蒙・教育よりも、文物をしっかりと保管することに重点を置いて建てられた博物館だった。ありていに言えば、博物館というよりは倉庫。世界の一流博物館ほどには、展示の美観や参観者の利便性は重要視されていなかった。それが、このときの違和感の正体だったと今にして思う。

展示よりも収蔵を重視する博物館。これも、故宮の不思議さの一つである。

蔣介石が台湾運搬を決定

故宮の運命は、蔣介石という人物と切っても切り離せない関係にある。共産党に敗れ、故宮の文物を台湾に運び込んだ蔣介石は、失った中国大陸を共産党から取り戻すという夢を生涯、見続けた。故宮の文物はいずれ中国大陸に帰るべきものであって、台湾は「大陸反攻」が成功するまでの仮の宿に過ぎない。博物館についても保管機能は大切だが、見せるための部分は多少手抜きでも構わない。蔣介石とその周辺はそんな風に考えた。

蔣介石は中国に攻め込む準備の軍事費に、巨額の予算を割かねばならなかった。台北故宮が建築された一九六〇年代まで、蔣介石は日々必死に大陸を奪い返す戦略を練っていた。もしも国民党が大陸反攻に成功して共産党を中国大陸から追い出し、再び中国の主人となっていれば、故宮の逸品は一つ残らず中国大陸に戻っていた。その時は、本物そっくりのレプリカを台湾に置くことが決められていた。

蔣介石は毛沢東に敗れ、中国大陸を追われた。しかし、総統たる自分、政治機構、軍事組織、二〇〇万人の政府・党・軍関係者とその家族、黄金まで、人民を除く中華民国政府のすべてを台湾に運び込んだ。辛亥革命を成し遂げて誕生した中華民国は自らとともに台湾にある。蔣介石は世界にそうアピールする必要があった。

しかし、中国大陸を失った自分たちが中国の主人であるというのは、誰の目から見てもリアルではない。何か世界の人々を納得させる一つのシンボルが欲しかった。それが、中国五〇〇〇年の歴史が営々と積み上げてきた文明の集大成である故宮の文物だった。

だからこそ、蔣介石は、共産党との内戦の敗北が必至となっていた危急の時に、あえて貴重な軍船を動員してまで文物に台湾海峡を渡らせたのだった。

中国史において、皇帝は皇室の文物コレクションを自らの「所有物」として認識してきたので、貴重な芸術品が皇帝の死と共に永遠に失われてきた。

名君として名高い唐の太宗・李世民にはこんなエピソードが残されている。李世民は書の国・中国で歴史上最も優れた作品と目される書聖・王羲之の最高傑作「蘭亭序」を手に入れることを熱望し、八方手をつくして探し出した。そして自分の死後、一緒に墓に埋めてしまった。そのため、「蘭亭序」は真筆から写し取った写本しか残っていない。今風に「人類の損失」などとは皇帝は考えない。皇帝のコレクションの命運は皇帝が決めることができた。

蔣介石は、政治指導者として文物を中国大陸から離れて台湾に運ぶ決断を下した点が過去のどの皇帝にもないユニークな点だった。その後、蔣介石は「文物の継承者イコール中国の正統な統治者」というロジックを使った。中国が文化大革命で文物破壊を行った時期には特に説得力を持つ部分があった。

蔣介石の下で台北故宮の院長を長く務めた蔣復璁《チアンフーツォン》は次のような一文を残している。蔣介石による文物継承の政治的意義への認識をよく言い表している。

「中華民族の文化は堯、舜、禹、湯、文、武、周公、孔子という諸先達によって一本の糸のように途切れることなく継承されてきた道統文化である。だから『共匪《きょうひ》』(共産党の蔑称)は文化大革命によってこれを根底から破壊しようとしたが、失敗に終わった。中華文化は破壊しようとするほど輝く。共匪の文化大革命があったから、(蔣介石)総統の文化復興運動があった。総統は国父（孫文）の道統を受け継ぎ、孔子の道統を受け継いでいる」

道統とは、儒学の教えを受け継ぐ正しい系譜のことだ。ただ、この蔣復璁の文章では、儒学の教えというより、長く受け継がれてきた「正しい政体」の系譜に力点が置かれている。道統における精神は、天の意志を反映する究極の美である書や絵画、銅器や磁器などに体現される。

蔣介石は故宮の文物の政治的な利用価値を知っていたが、芸術的価値について関心があったかどうかについては多くの言葉を残していない。

一方、蔣介石の妻であり有名な「宋家三姉妹」の末娘である宋美齢は故宮に強い愛着を抱いたことがよく知られている。

民進党時代の台北故宮院長である杜正勝《トゥーチョンション》の証言によれば、二〇〇〇年の政権交代時に故宮院長に着任した杜は、故宮の院長執務室の隣に、宋美齢の執務室があることを知ったという。その当時、宋美齢はすでに米国に移住しており、故宮の役職に就いていたわけではない。杜はすぐさま宋美齢の執務室を廃止したという。

宋美齢は故宮にしばしば文物の鑑賞に足を運び、倉庫から逸品を運び出して事務室で手に取ることもあった。宋美齢は翡翠《ひすい》などの工芸品が大好きだった。個人的に故宮から文物を持ち出して、夫蔣介石の死後に移住したニューヨークに運び出した、とのうわさもあった。

しかし、この点については、故宮の複数の幹部が、私の取材に対し、「ありえない。故宮のすべての文物には通し番号が振られ、倉庫から出す際にも記録される。故宮の院長や総統でも、正規の手続きを経ないで文物を故宮の外に持ち出すことは不可能だ」と否定している。

証拠がないので何とも言えないが、台湾が一党独裁の権威主義体制だった時代、皇帝的な権威を誇った蔣家の一員であり、蔣介石以上に伝統的な中華思想の持ち主だったと思われる宋美齢ならばやりかねないと人々に思わせたのも不思議なことではない。

中国近代史に翻弄された故宮の運命

故宮とは読んで字のごとく、「OLD PALACE」＝「いにしえの宮殿」のことである。

その宮殿とは、中国最後の王朝、清朝の宮殿であり、現在中華人民共和国における「故宮博物院」が置かれている紫禁城を指す。

紫禁城や、皇帝のいわば書斎兼執務室で「離宮」と呼ばれた円明園には、中国史上最大の版図を誇った清朝がその財力と権力によって収集した膨大な文物が置かれていた。その文物は、清朝のものではあるが、皇帝の私物であり、皇帝のみが自由に手にとって愛でる権利を有していた。ちなみに、清朝の歴代皇帝のなかで最も文物収集に力を入れたのは、書画骨董に造詣が深く、自身もレベルの高い書家であった乾隆帝《けんりゅうてい》であった。

北京の紫禁城には、この乾隆帝が造った三希堂という部屋があり、現在は外観のみ一般の観光客に公開されている。二〇〇九年二月、私は、台北故宮の周功鑫《チョウコンシン》院長が初めて北京を訪問した際に随行記者として一緒に入ることができたが、思ったよりも小さな空間で、希代の権力を誇った皇帝が安らぐ場所としては物足りない印象を持った。だが、広大な広間での引見などを日々の業務としていた皇帝にとっては、小さくてプライベートな空間こそが文人の自分に立ち返ることができる場所だったのかもしれない。

「三希」とは、世にまれなる三つの文物という意味で、乾隆帝が熱狂的に愛好した三つの書がこの部屋に飾られた。三つの書とは、書聖と呼ばれる王羲之の「快雪時晴帖」、王の息子である王献之の「中秋帖」、王のいとこ、王珣の「伯遠帖」の三作である。

乾隆帝はワークホリックと言えるほど、食事以外の時間は執務に励んでいた仕事熱心な皇帝だったが、唯一の安らぎが、この三希堂で「三希」を眺めることだったとされている。これもまた、文物が皇帝の私有物だからこそ許される至高の享楽であろう。

乾隆帝の子孫である清朝のラストエンペラー溥儀《ふぎ》が、王朝末期の混乱・金欠状態のなか、先祖がたくわえてきた文物を次から次へと売り払ったのも、皇帝の私物だからできることだった。溥儀のおかげで、北京の「瑠璃廠《リュウリーチャン》」と呼ばれる骨董市場などに「宮廷もの」の掘り出し品が続々と流入し、日本からも大勢の目利きが足を運んだ。そこで大量に買い付けを行い、古美術商として米国や英国に作った「山中商会」の支店を通じて世界に売りまくった「世界のヤマナカ」、山中定次《さだじ》郎《ろう》のような人物も現れたのである。

一九一一〜一二年の辛亥革命で清朝は打倒されたが、文物は溥儀のもとを離れなかった。中華民国の臨時大総統に就任した袁世凱《えんせいがい》の妥協により、溥儀は紫禁城にとどまることを許されたからである。その後も溥儀は文物を売り続け、コレクションは大きく損なわれた。だが、それまでに収集された文物の量が桁違いだったのだろう。一九二四年に溥儀が故宮から追い出され、翌二五年に故宮博物院が誕生したとき、なお十分な文物が紫禁城には残されていた。

中華民国政府は過去の王朝のように文物を自らのものとせず、一般に公開した。中国の歴史においてに初めて文物が大衆の眼前にさらされ、ミュージアムとしての故宮の歴史がスタートしたのである。それは「革命の成果」として大衆に最もアピールできる材料だった。文物は皇帝の財産から国民の財産に改められた。だが、文物が「権力」から離れることができたわけではなかった。

一九三三年、日本の中国への進出が次第に緊張を生み始め、故宮の収蔵品を中心とする北京の文物は南に運ばれることになった。外交文書などを含めて、北京から上海に列車で運び出されたのは一万九五五七箱。その後、戦乱を避けて南京から湖南省、貴州省、四川省へと、国民政府の撤退ルートをなぞりながら物も西へ西へと運ばれていった。そして一九四五年に戦争が終結し、文物は一九四七年には南京に置かれた故宮分院に戻った。一四年間、総行程一万キロに及ぶ旅だった。

それでも文物に安息の日は訪れなかった。国民党と共産党による内戦が勃発し、敗色濃厚となった国民党は一九四八年末から一九四九年初頭にかけて、故宮の文物を船に載せ台湾海峡を越えて台湾に運んだのである。

この故宮文物の壮大な移転のストーリーからして、中華民族の文物へのこだわりが常軌を逸していることが分かるだろう。日本人ならば穴を掘って隠すか、置きざりにして逃げたかもしれない。しかし、当時の中華民国の最高権力は文物を手元に置くことを望んだ。

故宮が北京から離れた一九三三年、中華民国政府は次の声明を発表している。

「故宮の文物は何千年という文化の結晶であり、減ることはあっても増えることはない。かりに国が滅んだとしても、国を再興する希望は残るが、文化が滅んだら、それは二度と蘇ることはない」

ここには半分の真実しか書かれていない。文化への重視は一面の事実だったろうが、芸術的価値を超えた政治的な判断があったからこそ、巨費を費やす南方移送作戦に踏み切ったのである。故宮文物の台湾移転についても同じことが言える。いったい、その政治的な判断とは何であったのだろうか。本書で故宮文物の歩みを検証するなかで、可能な限り解き明かしていきたいと思う。故宮を語ることで、我々は中国近現代史を知ることになり、中華民族の政治と文化の関係の真髄を理解するに至ると信じている。

世界的な博物館との違い

故宮が不思議な博物館であると述べたが、展示品についてもそれは言える。

台北故宮は自らを「世界四大博物（美術）館」と呼んでいる。台北故宮以外の博物館としては、フランスのルーブル美術館、英国の大英博物館、米国のメトロポリタン美術館。これにロシアのエルミタージュ美術館を加えて「五大博物館」と呼ぶ場合もある。いずれにせよ、アジアではダントツの博物館という評価は世界的に揺るぎない。

しかしながら、収蔵品の内容を検討してみると、台北故宮は、世界的な博物館とは根本的に異なっていると言わざるを得ない。

ルーブル、大英、メトロポリタンは西洋だけではなく、中東、アジア、アフリカの文化財をとりそろえ、「博物」の名に恥じない多元的な収蔵品を誇っている。収蔵品をもたらした植民地経営や侵略という負の歴史はさておき、博物館の価値については文句のつけどころがない。

一方、台北でも北京でも故宮には欧米の絵画や彫刻どころか、中華以外のアジアの国々の文化財もほとんど見られない。日本や朝鮮、東南アジアなどが使節の手みやげや朝貢品として贈った品々をたまに見かけるぐらいだ。そこにあるのは、中華文化のみを対象とした「単一文化的」な博物館なのである。

中華とは「文明の華やかな世界の中心」という意味を持つ。中華というのは、あらゆる面で卓越した中華王朝の政治があまねく世界に行き渡る際、野蛮な異民族といえども礼儀や道義など優れた文化を身につけることによって中華の一員となることができる、という華夷思想の根幹にかかわる概念である。逆に言えば、中華文化以外は一切の価値がないということになってしまいかねない排外的な発想も内包しており、特に儒学では華夷の分別に厳しい態度をとる。

故宮には中華文化以外の故宮への参入は許されない、という中華純血思想がひそんでいるように思える。奇妙なことではあるが、台北故宮にはその所在地である台湾の文化の断片すら発見することは難しい。参観者の脳裏には、中華の壮大な歴史と文物を作りだそうとして心血を注いだ芸術家、技術者たちの姿がよぎるはずだ。しかし、台北故宮が建っている台湾の歴史、文化、人々の暮らしについて台北故宮を訪ねても体感することはできない。

清末において日清戦争で敗北した清朝が「化外《けがい》の地」、つまり文明教化の対象外と見下していたとされ、日本に割譲された台湾。その台湾の文化が故宮に入る余地はないことは、中国大陸の中原と呼ばれる地域が世界の中心だとする中華思想を体現する皇帝のコレクションからすれば当然のことであり、台湾と故宮は本質において容易に結びつかない運命にある。

台湾の多くの庶民にとって、台北故宮が必ずしも「誇り」の対象ではないことに台湾で暮らしているうちに気づかされた。外国の客人から「どこに行けばいい」と聞かれれば台湾ではほとんどの人が「故宮」と言う。しかし、「故宮についてどう思うか」という問いをぶつけると、多くの人が困ったような表情を浮かべる。「台湾の誇りです」と答える人は少ない。「すごい」とは思っても、親愛の情や誇りを抱く理由が多くの台湾人には思い当たらないからだ。

それでも、純粋に収蔵品の魅力を評価すれば、台北故宮が世界トップクラスの博物館であることは疑問を挟む余地がない。なにしろ皇帝のみが手に取ることを許された中華五〇〇〇年の文化の粋をこれほど集中的にそろえた場所はほかに存在しない。

政治権力と文化の関係は日本人ならばまず「三種の神器」を思い浮かべる。天照大神から瓊々杵尊《ににぎのみこと》に授けられたとする鏡、剣、玉。なぜ代々の天皇が皇位継承のシンボルとして三種の神器を受け継いできたのか。それは所有者こそが真の天皇であるという「神話」が確立しているからだが、その神話はおそらく、古代日本の草創期において、「三種の神器を所有する我こそが天皇である」という政治権力の証明に利用されたことが始まりではなかったかと推測できる。

例えば南北朝時代は最も三種の神器の価値が高められた時期だと言われ、北朝と南朝の勢力が三種の神器の奪い合いを展開した。政治権力が不安定なときほど、文化のもつ「信用力」を誰もが追い求めるのである。

中華民族にとって故宮の文物は「三種の神器」だった。近代中国のかってない動乱のなかで、史上最大と言われる文物の輸送作戦が展開され、最後には海まで渡ってしまった。蔣介石は毛沢東に故宮の文物を渡してしまうわけにはいかなかった。

この現象をやや突き放して考えれば、中華文明において文化に特別な意味が置かれたゆえに政治は文化を守ってきた。政治の庇護があってこそ、戦乱にあっても文物が守り抜かれる「奇跡」が起きたと考えることもできる。

変革の季節が始まった

故宮の過去を振り返り、故宮の今を描き出そうとする本書の執筆を思い立ったのは、二〇〇七年の台北への赴任前だった。

もともとは、二〇〇八年末という時期が、文物が台北故宮に渡って以来、「一甲子」と中華民族が呼ぶ六〇年という節目にあたるため、故宮の歴史を書いてみたいという思いがあった。結果として、私の在任中に故宮が大きな変革の季節を迎えたのは予想外の幸運だった。

二〇〇八年五月に起こった民進党から国民党への再度の政権交代によって、中台関係が劇的に改善したことで、これまで互いの道を歩んできたふたつの故宮の接近が始まったのである。二〇〇九年二月、台北故宮の周功鑫《チョウコンシン》院長が北京故宮を初訪問。私は日本人記者としてはただ一人、周院長に同行した。真冬の極寒の北京で、周院長が北京故宮の鄭欣淼《チョンシンミアオ》院長と並んで北京故宮の紫禁城を歩くところを、寒さにふるえながら追いかけた。

両故宮の交流はその後、順調に深まっていった。もともと故宮は一つであるのは事実であり、政治権力によって引き裂かれたふたつの故宮に、「相互補完性」があるのは間違いない。

例えば、収蔵品の内容について言えば、台北故宮最大の強みは、宋代の書画や陶磁器をそろえていることである。なぜなら、宋代こそが中華文明の最高到達点であり、限られた時間と限られたスペースという台湾移転前の厳しい条件下で、故宮のキュレーターたちが台湾に持ち運ぶことにしたのは宋代の収蔵品が中心だったからだ。

一方、明、清の文物については、共産党による革命後の文物収集の成果もあって、北京故宮が勝る部分も出てきている。磁器については宋代が最高だと言われてはいるが、例えば明代の染付の磁器や清代の絵付けの琺瑯彩《ほうろうさい》なども実際は素晴らしい。考古学的な領域である古代の出土品については、中国大陸で戦後に行われた発掘調査の成果が大半のため、収蔵先は北京故宮に集中しており、台北故宮は皆無に等しい。

こうした両故宮は、相似形の双子というよりも、引き裂かれた一枚の地図を思わせる。だからこそ、中台関係の関係改善を受けて文化領域で真っ先に関係改善の象徴とされたのが両故宮の交流であり、ひかれ合うようにその距離を急速に縮めている。

政治にとって、文化は時に非常に使い道のあるツールになる。特に中台関係のように政治的には歩み寄りにくい敏感な主権問題を抱えている間柄では、とりあえず文化によって親しさをアピールできるメリットは小さくない。

日本展への胎動

元の時代に、黄公望（一二六九－一三五四）という書家がいた。この人は江南地方の漢人で事務能力は高く、地方政府に仕官したが、当時はモンゴル民族の支配下にあって漢人であるために不遇をかこったらしい。四〇歳で役人に見切りをつけ、書画の道一本に絞って描き続けた。七九歳から三年余をかけて風景画「富春山居図」という、後に元代を代表すると評価される名作をものにした。時代は下がって明末になり、「富春山居図」は呉という姓の金持ちが所有していた。この人物は自分の死後、あたかも昔の皇帝のように「遺体と一緒に絵を焼いてほしい」と遺言を残していた。家族が遺言どおりに「富春山居図」を焼こうとしたが、家族の一人に理由は分からないが「焼いてしまうのは惜しい」と感じた人がいて、一部を焼いただけで絵を火から救い出したとされている。

「富春山居図」は全長七メートルに近い絵巻のように長い絵だった。焼け残った絵はふたつに分かれて別々に後世に伝わり、一つは台北故宮、一つは中国・杭州にある浙江省博物館に収蔵されている。

二〇一〇年三月中旬、中国の温家宝《おんかほう》首相は人民代表大会の記者会見で、特別にこの絵について言及した。

「二つの絵が、一つになるところを見てみたい」

中国の投げたボールに対し、台湾側も「黄公望の特別展を企画しており、浙江省博物館が保有する絵の片割れを中国からぜひ借り受けたい」と応じた。こうした息のあったやりとりは双方ですっかり演出が決まっている話であり、政治における文化の「効用」を改めて実感させられる。温家宝発言の効果か、二〇一一年六月に浙江省博物館から台湾に「富春山居図」の片方が運ばれ、台北故宮で特別展が開かれた。

一方で、故宮文物の「散逸」と「回流」というテーマも新たに浮上してきている。

前述したように、清朝末期以来、中華民国初期に故宮博物院が発足するまでの数十年間、皇帝のコレクションが中国内外に散逸した。欧米列強による略奪、溥儀による売却、宮廷官僚による持ち出し、その他さまざまな理由によって、数え切れない「門外不出」のはずだった品々が宮廷から吐き出された。中国にとって欧米や日本に蹂躙《じゅうりん》された近代の記憶とともに、国宝の喪失という苦い体験は心理的トラウマとして残ってきた。

ところが近年、中国の経済発展により、世界各地のオークションで取引されてきた中国の陶磁器や絵画が次々と中国人バイヤーに買い戻される「回流現象」が起きている。中国政府の肝煎《きもい》りで設立された民間団体が海外に収蔵されている中華文化の文化財を調査し、各国政府や各博物館と返還交渉も始めている。法律論からすれば、売買された品々は善意の第三者である海外の所有者が返還する義務はない。しかし、戦争行為や略奪行為によって持ち去られたと認定された文化財は、現在の所有国はもとの所有国に返却しなければならないことが、多くの国々が批准しているユネスコ（国際連合教育科学文化機関）の条約で定められている。

中国の返還運動では、豊富な中国芸術コレクションを持つ大英博物館やルーブル美術館、日本の美術館・博物館もターゲットになっている。この問題では「被害者」の立場に立つことができる中国政府の姿勢はかなり強硬で、中国以外の国々の芸術界にとって一つの「脅威」となっているのが現状だ。

海外に散逸した文化財の「回流」は一つの社会現象として年々勢いを強めており、中国に引き戻された文物の一部は、故宮の収蔵品となり、故宮のコレクションが再強化される契機となっている。

日本にとっても、故宮をめぐる新しい時代に入りつつある。台北故宮の文物を初めて日本で展示する可能性が浮上しているのだ。

台湾側の駐日大使にあたる馮寄台《フォンチータイ》台北駐日経済文化代表処代表は「私の任期中の最大の目標は故宮の展示を実現することである」と私に語った。日本側の対台湾窓口にあたる財団法人「交流協会」の畠中篤理事長も二〇一〇年三月、故宮の日本展の早期実現を期待する発言を行った。

過去、台北故宮の展示会が一度も日本で行われなかったのは、台湾と対立する中華人民共和国政府が展示品に対して所有権を主張し、「差し押さえ」の仮処分を行うことを台湾側が懸念したためだった。

中国と台湾が絡んだ所有権の問題で日本での法的解決が混乱したケースでは過去にも「光華寮」問題訴訟があった。関係改善が進んだ現在、中国が台北故宮の文物に法的アクションを起こすことは中台関係の状況からみて考えにくい。だが、過去の経緯もあって、台湾側はこの問題に慎重になっており、台湾側は万全を期すため、故宮の日本展に先だち、日本側に「美術品の差し押さえ仮処分の免除」を認める法案の策定を求めてきた。

日本展計画には故平山郁夫画伯など日中・日台関係の「大物」も絡んで、民主党、自民党の有志の国会議員を中心に法案の準備が進んできたが、自民党の下野、それに続く民主党内のごたごたなどが重なり、法案の国会提出は大幅に遅れた。しかし、ようやく二〇一一年三月、衆参両院で可決され成立した。台北故宮による日本展の初の開催が、ぐっと現実味を帯び始めている。

また、北京故宮による日本展についても、東京国立博物館を中心に二〇一二年の開催に向けた準備が進んでいる。中台両故宮による共同開催を望む意見も根強いが、台湾側は単独開催を求める姿勢を崩していない。

ロビーを埋め尽くす大陸からの客

台北を離れる直前の二〇一〇年四月、特派員在任中に少なくとも二〇回以上は訪れた故宮に

「お別れ」を告げようと足を運んだ。日本からたった三時間半のフライトで飛んで来ることができる台湾だが、台湾での三年間を締めくくる意味で最後に故宮を見てみたかった。

目撃した光景は、故宮の現状を見事なまでに象徴していた。

ロビーを埋め尽くす大勢の中国人観光客たちが、ロビーに鎮座する「国父」孫文の銅像を取り囲み、盛んに記念撮影のシャッターを切っていた。日本人や外国人ならば、孫文像の下での記念撮影にはあまり興味が湧かないだろう。しかし、中国、台湾を含む中華世界で最も尊敬される人物は、今もダントツに孫文なのである。

故宮に中国人観光客が訪れるようになったのは、二〇〇八年五月に誕生した台湾の馬英九政権が中国との関係改善に踏み切り、厳しく制限されてきた中国人観光客の台湾訪問を解禁してからのことだ。馬政権は一日に三〇〇〇人を上限に、中国人が「宝島」と呼んで憧れる台湾への訪問を認めた。中国人が台湾に来たときに最も行きたい場所のひとつが台北故宮である。台北故宮に殺到する中国人の人数はいまや日本人を上回り、故宮の博物館グッズへの旺盛な購買意欲とあいまって台北故宮の収支状況をうるおしている。中台関係の改善効果の一つだ。

もともと台北故宮の建築は中国・南京にある孫文の墓「中山陵」に似せて造られたと言われている。建物の正式名称も孫文の別名である孫中山から取った「中山博物院」だ。正面玄関に屹立する巨大な門にも「天下為公」という孫文の金言が掲げられている。落成式が行われた一九六五年一一月一二日は孫文の生誕一〇〇年を記念したものであった。

台北故宮の孫文像は、ブラジル・リオデジャネイロの巨大なイエスキリスト像を制作したフランス人の有名彫刻家、ポール・ランドウスキに依頼したものだが、民進党政権は二〇〇四年ごろの台北故宮の改修工事の際、孫文像を正面玄関から取り外し、その後、屋外に野ざらしにしていた。国民党政権は政権復帰後すぐに孫文像の修復に取りかかり、二〇一〇年から展示館の正面に改めて安置し、「復活」を遂げさせた。

よみがえった孫文像とそこに集う中国人観光客たちは、政治が文化に及ぼす影響の大きさを我々に教えてくれている。

広い意味で、政治の庇護は文化の生存に欠かすことができない。政治によって文化は振興するが、政治によって文化が取り返しのつかない形で破壊されることもある。

中国では文化大革命によって多くの芸術・文化が破壊されたこともあった。文化の否定を通して政敵を否定しようする行為は、世界史的にも珍しいことではない。文化自体を創り出すのは個人による芸術的行為だが、文化的価値への評価は常に政治の激しい波間に漂うものだ。

台湾では、文化をめぐる対決がこの一〇年の間に、国民党と民進党という二大政党の間で激しく展開されてきた。二〇〇〇年に登場した民進党政権は「故宮改造」プランを打ち出した。民進党が、故宮を変えることによって故宮に象徴される中華文化を背負ってきた国民党の存在を否定しようとしたプロセスを、第一章で紹介する。

続く第二章では辛亥革命前後の故宮文物の流出を、第三章では日本の中国進出によって故宮の南方・西方移送プロジェクトが展開された経緯を、それぞれ取り上げる。第四章は台湾に故宮文物が移送された一九四九年前後の政策決定のプロセスを検証する。第五章では中台分裂後に台湾で台北故宮が建築され、ふたつの故宮が誕生した経緯を紹介し、第六章では、現在、世界に散逸した故宮文物が中国に「回流」している現象の解明を試みたい。

そして、最終章では世界にも希なる「ふたつの故宮博物院」の未来を占いたい。

第一章　民進党の見果てぬ夢
――故宮改革

孫文の書「天下為公」が掲げられた台北故宮の門

台湾は、世界で珍しいほど二大政党制が機能している「国」ではないだろうか。そう感じるほど、台湾における二〇〇八年の政権交代がもたらした変化は巨大だった。

二〇〇八年三月の総統選挙。国民党の馬英九は圧倒的な勝利を収めた。民進党候補の謝長廷とは二〇〇万票の大差。五八％という馬の得票率は、台湾で最初に直接総統選挙が実施された一九九六年、李登輝が獲得した五四％も上回っていた。

二期八年にわたる民進党の陳水扁政権のさまざまな失政に失望した台湾の民衆は、なだれを打って国民党に台湾の未来を託したのである。

政権交代で起きたことは、記者として二〇年近いキャリアを積んできた私にとっても、衝撃的な事態であった。

昨日までの敵、脅威の対象であった中国と、突然、血を分けた兄弟のような親密な関係をアピールするようになり、対中関係の改善が最優先事項になったのである。

前政権の幹部が牢屋に入ることぐらいは、少なからぬ国で起きる。しかし退任から半年も経たないうちに陳水扁前総統本人が海外への不正送金、マネーロンダリング（資金洗浄）、収賄などの容疑で捕まってしまった。民進党政権時代に取材で親しく接してきた政権幹部たちも次々と連座し、検察の事情聴取を受け、出国を禁止された。あたかも陳水扁周辺の人々が盗賊の一味のごとく社会から白眼視されるようになり、携帯電話で情報を交換し合っていた幹部はぷっつりと電話に出なくなった。

このような激しい政権交代が起きる理由は、国民党と民進党というふたつの政党が、生い立ち、理念、支持者、体質など、政党の肉体を構成するすべての要素において、ことごとく異なっていることに起因している。

国民党は清朝を倒すために中国で誕生した古い政党で、中華アイデンティティーを強く持っている。理念には中華主義や孫文の唱えた三民主義を掲げる。中心となる支持者は軍人、公務員、企業家、中国から台湾に渡った外省人と呼ばれる人々である。体質は保守的な発想が強い半面、現実的で計算高く、先を見通す能力は高い。

一方、民進党は若い政党で、一九八〇年代の台湾で国民党の圧政に立ち向かうために産声をあげた。理念は、台湾独立あるいは台湾の主体性強化。支持者は台湾育ちの南部本省人で、体質は開放的でパワーはあるが、理想家肌のところがあり、政治技術は稚拙で詰めが甘い。

国家として目指す方向を基本的に共有している米国や欧州の二大政党制と、台湾は根本的に違う。日本でも、自民党が政権を取っても、民主党が政権を取っても、日本という国家の骨格が変わることはない。だが、台湾においては、血こそ流れないが、一種の革命のような様相を見せてしまう。それが台湾の政権交代なのである。

米国では政権が変わると政府にいた人材がごっそり入れ替わる現象を、「リボルビング（回転式）ドア」という表現で言い表す。台湾はリボルビングドアという生易しいものではなく、ドアも含めてビルが丸ごと入れ替わってしまう感じである。

台湾では二〇〇〇年と二〇〇八年、二度にわたって政権交代が起きた。二〇〇〇年は国民党から民進党に、二〇〇八年は民進党から国民党に、執政党が変わった。故宮はそのたびに「政治」の大波に飲み込まれた。

この章では二〇〇〇年に政権についた民進党の故宮改革への取り組みを詳述する。二〇〇八年以降に台北故宮に起きた変化は、最終章で故宮の未来への展望とともに論じたい。

アイデンティティーを変えたい

故宮の伝統的なアイデンティティーは「中華文化の最高の芸術品を集めた博物館」である。故宮が体現するものは中華文化であり、中華文化を育てた中華民族の英知である。唯《ゆい》中華主義と言えるほど、すっきりした自己定義になっている。

政権に就いた民進党はこの自己定義をひっくり返そうとした。

「故宮は中華文化の博物館ではなく、アジア文化の博物館に変わるべきだ」

そう主張したのである。

民進党も台北故宮の収蔵品が中華文化を主体としている現実を否定したのではなかった。ただ、台北故宮の収蔵品のなかにあったアジア的要素がこれまでは無視されており、もっとアジアとのつながりを強めていくべきだとして、中華色を薄めるためにアジアの文物を重点的に収集してコレクションの形態を変えることを推し進めた。

台湾において初めての政権交代を成し遂げた民進党が、なぜ、故宮という世界的に知名度も高い博物館を変革しようとしたのだろうか。

中華とアジアという二つの概念について考えてみたい。

中華料理、中華民族、中華街……。誰もが普通に使っている「中華」という言葉が広く使われるようになった歴史は一〇〇年ほどしかない。中国の長い歴史においては子供の年齢に過ぎない幼い言葉である。

世界と中国大陸の人々に向けて「中華」という言葉を最初に発したのは中国革命の父、孫文だった。孫文は西欧列強の中国侵略に対抗するため、「中華」という概念によって、実際は多民族の集合体である中国大陸の人々を新国家のもとにまとめ上げようとした。中華民族という人々や民族がもともと存在したわけではなく、革命によって誕生する新しい共同体を定義するために編み出された政治的概念だった。

「華夏」という言葉がある。故宮の説明において私も「中華文明の粋を集めた」という言い方をこの本のなかでも用いており、故宮自体も対外的には「中華」を使うことが多い。ところが、故宮関係者同士の会話や会議での発言、学術論文などでは「華夏文化」としておかないと、この人は半分素人だと認定されてしまうフシがある。

「華夏」は日本人にはやや聞き慣れない言葉だ。華と夏は古代中国において「中原」と呼ばれた現在の河南省洛陽などの一帯に住んでいた人々を指している。文献によると「諸夏」「諸華」など呼ばれていたという。当時の中国の漢民族は周辺を異民族である「夷《い》」に囲まれて脅威を感じており、その「夷」と区別して自分たちを「夏」や「華」と位置づけた。これがいわゆる「華夷思想」の始まりだった。

この考え方において、中国のなかで最も純粋で高等な文化と伝統を有する人々が「華夏」ということになる。故宮の文物とは、厳密に言えば、異民族まで包摂する「中華」の文化ではなく、世界の中心に位置する中国の、さらに中心であるこの「華夏」の文化であるべきだ、というのが伝統的な故宮の考え方であった。

一方、中華とは華夏より広い概念だ。漢民族の文化に服するか、その影響力を直接受けた人々や国々からなる地域を指すもので、具体的には中国、とりわけ黄河や長江（揚子江）の下流域を中心としながら、同心円を描くようにモンゴルや新疆《シンチアン》、チベットなど中国大陸の辺境地帯を含む。朝鮮半島やベトナムなどいわゆる朝貢国だった国々は中華か非中華かのグレーゾーンにある。

これに対し、アジアとは紀元前五世紀ごろにギリシャで「東にある地域」を表現するため創り出された概念だと言われている。今日的にはロシアではウラル山脈以東、中東ではトルコ以東、南はインドネシア、東は日本から北にのぼってロシアの東端までがアジアとされる。四七の国家、四一億の人口を持つ世界最大の地域であり、アジアには当然、中国大陸も包摂されている。

しかし伝統的な中国社会においては、自分がアジアの一部という発想は存在しなかった。故宮の背後にある中華文明の概念において、世界は平らではなく、山型のヒエラルキーであり、頂点に立つ華夏文化は富士山で言えば冠雪した美しい山頂部だ。その他の中華文化は山の下部にあたり、アジアは裾野ぐらいであろうか。中華はアジアの一部ではなく、中華とそれ以外の世界という二分法においてアジアは「あちら側」なのである。現在でも、日本人にとっての自己定義は「日本人であり、アジア人でもある」というのが主流の考え方と見られるが、中国人には「自分はアジア人ではない」と考えている人が少なくない。

民進党政権はそんな「故宮＝中華」という概念を覆すことで、民進党による新しい政治を象徴する変化が始まったことを内外にアピールできると考えた。

なぜなら、民進党のライバルであり、中国革命の父、孫文が立ち上げた国民党は、中華という概念のもとに成立した政党だ。国民党にとって、中華は不可分の肉体の一部だと言うことができる。その中華色を故宮から消していくことが、民進党による脱・国民党の新しい政治になると考えたのだった。

一九四九年に台湾に渡った国民党は戦後世界最長とされた約四〇年間にわたる戒厳令を施行し、民衆を弾圧する「白色テロ」による恐怖政治で一党独裁体制を敷いた。それ以前にも、一九四七年二月二八日に起きた「二・二八事件」と呼ばれる民衆暴動では二万人が殺害されたと言われ、中国からの外来政権が台湾土着の人々を抑圧するという構図が続いた。

一方、極度に安定した政治環境のなかで産業への投資は活発に行われ、一九八〇年代までに台湾はアジア「四匹の龍」のひとつに数えられる高度経済成長を成し遂げた。同時に、政治の自由化を求める人々の欲求が湧き上がり、民進党が次第に勢力を拡大して、とうとう二〇〇〇年に政権を国民党から奪った。

民進党はその根っこに台湾独立を求める欲求を持っている。党の綱領で「台湾の主権は中国大陸に及ばない」と明確に定め、中国と台湾は別個の存在であることを政党の基本理念としている。台湾＝非中華という状態に一歩でも近づきたい発想を持つ集団なのである。そのため、民進党は野党時代から中華文化の象徴である故宮に対して、「有意見（文句がある）」の気分を内在させていた。

民進党が政権を取る一〇年ほど前の一九九〇年の立法院（国会に相当）での質疑からも、そんな体質をうかがわせるやりとりを見つけることができる。

「台湾文物は故宮コレクションの範囲内ではないのか」

民進党の陳光復立法委員（国会議員に相当）が、なぜ台湾の文物を台北故宮の収蔵品に加えることができないのかを問いただした。

当時の国民党政権の秦孝儀《チンシアオイー》台北故宮院長は素っ気なく答えた。

「台湾本土文物は故宮ではなく、中央研究院の職責範囲である」

中華文物の中心たる故宮にとって辺境の地にある台湾の文物など相手（収集）をするには値しない、と断じたのだった。

台湾への郷土意識が強く、台湾を中国の一部ではない政治体制に変えていこうとする民進党にとっては我慢ならない主張であり、相容れることのない深い溝が民進党と故宮との間に横たわっていた。

改革の精神を表現した映画との出会い

二〇〇八年の冬。故宮取材を進めているさなかに、「経過」（邦題「時の流れの中で」、二〇〇四年制作）という映画に出会った。

私は中華圏の映画が大好きで、特に台湾に住んでいる間、台湾のここ一〇年の主要映画はほとんど見ていたが、この映画は知らなかった。海外の映画祭などに参加していたが、台湾内であまりいい興行成績は残していなかったためだと思われる。

台北の目抜き通り「中山北路」にある「台北光点」という映画館併設のカフェで、歌手の一青窈《ひととよう》に会っていたときだった。彼女は父親が台湾人、母親が日本人のハーフで、戦前は台湾有数の名家と言われた顔家の子孫にあたる。姉で女優の一青妙《たえ》とともに、一族のルーツを意識しながら日本と台湾との間で生きている姉妹の姿を描く新聞の連載企画の取材中だった。

取材の合間にカフェの隣にあるDVDショップにふらっと入り、「経過」のDVDをなんとなく手にとった。映画の主人公が、私が注目していた桂綸鎂《コイルンメイ》という新進女優でなければ見落としていただろう。結果的には、この映画が民進党の「故宮改造」を皮膚感覚で知ることができる格好のテキストになった。

「経過」のストーリーは、桂綸鎂扮する台北故宮の女性学芸員を主人公に展開していく。主人公は幼い頃、かつて故宮の文物とともに中国から台湾に渡った老人から、故宮文物の波乱に満ちた長い旅を聞かされて故宮に憧れを抱き、学芸員の道を選んだ。故宮の背後にそびえる山の横腹を深くえぐって掘られた文物の倉庫に入ることを心から待ち望んでいた。

しかし、貴重な文物を保管する倉庫への出入りは厳しく制限され、若い学芸員にはなかなかチャンスがめぐってこない。一方で、故宮から依頼を受けて故宮の歴史を執筆しているフリーライターの男性と学芸員はお互いに好意を抱いていながら近づけない関係にあった。フリーライターの執筆もカベにぶつかって進まない状態に陥っていた。

そこに日本でビジネスに失敗し台湾に傷心旅行に来て故宮を偶然訪れた日本人男性もからんで、三人がそれぞれの悩みや問題に向き合えないもどかしさが描かれる。最後は、故宮が収蔵する蘇《そ》軾《しょく》（一〇三六－一一〇一）の名作詩文「寒食帖《かんじきじょう》」に書かれた古人の思いを理解することで、解決を見つけ出すというストーリーだった。

「経過」は台北故宮が出資して制作された映画である。内部の人間でさえ入ることを制限される文物の倉庫にもカメラを入れるなど、故宮側の全面的な協力があったことがうかがえる。民進党の故宮政策の宣伝という要素があるせいか、話の展開が唐突で、映画としての完成度は決して高くはない。しかし、フリーライターが書く文章を通じて新しい故宮の定義を観衆に伝えようとした部分が、私には大きな意味を持った。

フリーライターは映画の冒頭、パソコンの画面で「故宮はなぜこの南方の島にやってきたのか」を自問する。筆が進まずに悩んだ末に、ようやく結論にたどり着いたフリーライターは再びパソコンの画面に、次のように打ち込んでいった。

「ここに、山の中に建てられたある博物館がある。もともとは、この島にしばらくいるだけで、

《経過》（過ぎ去っていく）するはずだった。しかし、運命が博物館をこの地にとどめおいた」

この言葉を大写しにして、映画はエンディングを迎える。

故宮は台湾に一時的に置かれているだけ。大陸反攻が成功したあかつきには、中国に戻っていくはずだった。しかし、大陸反攻の夢は破れ、故宮は台湾という南方の島にとどまった。それは故宮の運命であり、変えることはできない。故宮はその運命を受け入れ、台湾に根を下ろした博物館に生まれ変わるべきである。

フリーライターの文章から、そんなメッセージを読み解くことができた。

陳水扁が起用した院長

故宮改革を目指した陳水扁総統が政権発足時に故宮院長に起用したのは、台湾南部・高雄出身の歴史学者、杜正勝だった。中国古代社会史などの研究で業績を残し、台湾の最高研究機関、中央研究院の歴史語言研究所で所長を務めていた。李登輝総統の演説原稿を執筆したこともあり、高い台湾主体意識の持ち主として知られている。

杜正勝は二〇〇四年まで院長を務め、陳水扁政権の二期目には教育部長（教育相）に転じた。民進党の政権喪失後は台湾大学で教鞭をとっていた。二〇〇八年秋ごろ、私からの取材の申し込みに対し、最初は「自分の本を読んでほしい」と気乗りしない様子だった。杜正勝は自らの院長体験をもとに台湾で『芸術殿堂内外』という題の本を出版していた。

「自分の故宮での仕事はすべて本に書いてある」と言われても記者としては本人に会いたい。引き下がらずに数カ月かけて繰り返し依頼していると、最後には折れて大学の研究室で会うことができた。

杜正勝は会うなり、「国民党の批判はしない。自分の後の人のことを悪くは言えない」と切り出した。私はそれを聞いて、噴き出しそうになった。「悪くは言えない」のは「悪く言いたい」ということだからだ。

「杜さん、私は現政権の故宮政策を批判してもらうために会いにきたのではありません。民進党の故宮改革を正しく理解し、記録に残したいからです」

そんな取りなしで始まったインタビューだったが、台湾にいて記者として有り難いと感じるのが、台湾人のとことん話し好きな性格である。杜正勝は最初こそ不機嫌だったが、質問が続くにつれ、ほとばしるように語り始めた。杜正勝は教育部長の任期中も過激とも言える発言で何度も「舌禍事件」を起こしたことがあった。

インタビューのなかで、杜正勝は過去に国民党が故宮を政治利用した点を指摘した。

「国民党の統治時期、彼らは中国大陸に戻ることを目標として、故宮を含めてすべては一時的なものとする態度だった。だが、しばらくすると大陸反攻が不可能と分かり、彼らは台湾の民衆に対して、『中華文化は偉大であり、崇拝しないといけない』と強制するようになった。それは故宮の文物に台湾人は感謝しなくてはならない、という押し付けがましい態度だった。外国人に対しては、偉大な中華文化の最も素晴らしい文物は我が中華民国にあり、北京にはない。よって中華民国が中国の正統的な政体で、中国共産党は正統ではないと主張した」

杜正勝が故宮改革に向けて打ち出した最初の方針は「脱政治」だった。

「台北故宮の政治性は世界のどの博物館よりも強い」と杜正勝は言い切る。

「故宮は、国家の運命とともに歩んできた。一九二五年に成立して以来、故宮の文物は片時も休む暇なく、北京から上海、南京、重慶、また南京、そして台中、台北まで、さまよってきました。文物には民族主義的シンボルという性格が付与され、国家の運命の象徴であると同時に正統性の象徴にされてしまった。これは一種の宿命であり、故宮から完全に政治性をなくすのは不可能に近い。しかし、私はできるだけ故宮の政治性を減らしたかった。芸術は政治とは一線を画すべきだからだ」

杜正勝は就任直後から「脱政治」に向けて次々と手を打った。

フロアにあった孫文や蔣介石の銅像、蔣介石や宋美齢が描いた油絵など、国民党の政治体制とかかわるものは次々と撤去していった。台北故宮の正面玄関に掲げてあった蔣介石の肖像画も二〇〇一年二月に外してしまった。

この肖像画には「日本の軍閥の侵略戦争の中で、故宮の文物を戦火から守った」「台湾への移送によって、共産党のいわゆる文化大革命の破壊から免れた」などと書かれており、蔣介石と故宮との関係を象徴する肖像画だったが、杜正勝は「世界の大きな博物館で政治家の肖像があるところは少ない。故宮を普通の博物館にしたい」と説明した。杜正勝の勢いのある行動に、民進党内からは拍手が送られた。

さらに、台北故宮の制度上の位置づけにも変更を求めた。故宮は行政院に属する独立機構で、トップである院長は閣僚の一員。院長は閣僚という政治的な重みに加え、行政院長（首相に相当）が辞任するときは原則としていったんは一緒に辞めなくてはならない。

しかし、杜正勝は「博物館は学術機構なので行政院に属するのは正しくない」と訴えた。台湾における最高研究機関であり、杜正勝の出身母体である中央研究院のように総統府直属の機関として独立し、院長も閣僚という政治的重荷から自由になるべきだとの考えがあったからだ。

杜正勝にとって故宮は多くの変革を必要とする博物館だった。掲げた目標は「台湾化」「多元化」「アジア化」「国際化」など数多い。

「台湾化」とは、故宮の文物は一九二五年に清朝から中華民国に移ったあと、すでに四分の三世紀を経過しており、台湾に渡ってからも六〇年以上になり、台湾が故宮のふるさとと言ってもいいほどで、台湾の歴史や文化を代表する収蔵品を強化していくべきだとする考え方だ。

文化というのは単一体で存在しておらず常に周囲の文化とつながり、影響を与え合っている。ゆえに中華文化もアジア文化の一つであり、常に周囲にあるシルクロードや朝鮮半島や日本、東南アジアと文化の相互交流を繰り返しながら形成されてきたものである。そうであるならば、アジアにおける中華、アジアにおける故宮という自己認識を故宮は持たなくてはならない。これが「アジア化」と「多元化」だった。

「国際化」とは、博物館には国籍もなければ特定の民族の区別もなく、国際的にあらゆる文化を受け入れる基本姿勢を持つべきである、ということだった。

総合して言えば、故宮＝中華ではなく、故宮はその所在地である台湾を中心にアジアや世界と交わり、優れた芸術品を収蔵し、開かれていくべきだという主張である。

これは、主義主張として純粋に聞くならば、まっとうな議論であると感じられる。しかし、故宮にとってはラディカルな発想であった。中華を絶対視する考え方と対比してみると察しがつくだろう。

前述のように、中華思想とは、中国の中原（華夏）を中心として、そこから同心円を描くものだ。中原から離れるほど、中華にあらざるものになっていく。中華か否かは、中華文化の影響を受け入れたかどうかで判断される。漢族でなくても、中華文化を正しく理解すれば中華の一部となれる。その外にいるものは、夷となる。夷は野蛮だという意味で、華夷思想という言葉は、中華と非中華を区別する考え方とも言うことができる。

そのような中華あるいは中原を絶対視する思想を背負っているのが故宮で、故宮文物を所有するからこそ、蔣介石政権は台湾という中原から遠く離れた地にありながら、中国の正統政権であると主張することができたのである。

華夷思想によって棄てられた島

かつて、この中華主義と華夷思想によって棄てられた土地があった。台湾である。

日清戦争に敗北した清朝は日本に巨額の賠償金を課せられ、台湾を日本に割譲した。条約交渉のなかで、清朝は台湾を「化外の地」であるとみなし、日本に渡しても清朝にはなんら痛くない、という姿勢をとったとされる。化外の地とは、文化を持たない土地、つまり中華世界の一部とはいえない場所だという意味だ。

実際は当時から台湾には清朝の行政機構も置かれ、清朝による統治が行われていたと見ることもできる。しかし、清朝にとって台湾は辺境のなかの辺境であり、日本にくれてやっても惜しくない、という判断があった。台湾は華夷のはざまにあると見られていたのだ。その主観的な根拠となったのが、文化の有無だったのである。

中国語における「文化」という言葉の使用法を考えることは興味深い。

中国語で「他没有文化」（彼は文化がない）というのは、ひとつの対人侮辱用語になっている。また一流大学を卒業した人材などを「文化素質非常高」（文化程度がとても高い）と評することもある。こうした言葉からも、中国社会において文化が人間の価値を判断する重要な物差しであることをうかがい知ることができそうだ。

台湾が「中華文化圏に含まれない」という理由で中国から棄てられたと広く信じられたことは、台湾の人々にとって根深いトラウマ（心的外傷）になり、台湾の民進党が台湾独立意識やアンチ中国意識を持つ根源的な動機にもなった。国家レベルのトラウマということになる。

杜正勝による故宮の「台湾化」などの一連の改革は、その意味で、台湾を棄てた「中華」という存在への長い時を超えた「復讐」だと理解してもいい。

三時間に及んだ杜正勝へのインタビューでその点を質《ただ》すと、杜正勝は「それは違う。そんな狭い発想ではない」と真っ向から否定した。

だが、こう付け加えることも忘れなかった。

「すべてが中華だと説明しようとするからおかしくなるのも一つの事実だ。例えば、私が着任する直前の二〇〇〇年春、故宮で中国の四川省・三星堆遺跡から出土した青銅器文化の展示があった。いまから三〇〇〇年前の三星堆遺跡は、基本的に中原（現在の河南省）にあった殷・商王朝の文化とは隔絶されており、文化上別系統のものだ。しかし、故宮のポスターには『華夏古文明の探索』と書かれ、三星堆を中華民族の栄誉に数えるような扱いをしていた。これは中華一元的な博物館という前提から誤って導かれた結論で、歴史事実と符合しない文化解釈が起きてしまうことが、過去の故宮には往々にして起きているのだ」

故宮院長に着任した杜正勝は職員にも「意識改革」を要求した。

着任早々に全職員にあてた手紙では、こんなことを書いた。

「故宮はあるいは立派な博物館かも知れない。だが故宮が世界レベルの博物館だという考えは皆さんの心の中にしまって、外へ向けて話すべきではない。皆さんは専門家だ。世界各地の博物館にも行ったことがある。自分たちの実態について十分に冷静で客観的な評価ができているはずだ」

故宮の職員に、故宮が世界水準ではないことを認めよと迫ったことになる。

故宮で働く人々にとって、コペルニクス的な認識の改革を求めるものだった。「故宮は世界トップクラスの博物館であり、中華民族の宝であり、中国の正統なる統治者である中華民国の誇りである」というのが、一九二五年の北京での故宮博物院誕生以来、故宮関係者の間に刷り込まれてきた考え方だった。

杜正勝はさらにこの手紙の中で「中華民族の文化はアジア大陸の文化の発展の下で検討されるべきで、この視点から言えば、単一民族の博物館は現代の博物館学において存在しない」とも述べている。

ラディカルな姿勢は、職員から強い反発や戸惑いを招いた。当時その演説を聞いた女性職員は私に対し、「改朝換代（政権交代ですべてがひっくりかえることを意味する中国語）って、こういうことなのかと暗い気持ちになった」と振り返った。

杜正勝は単なる学者ではなく、故宮のトップに就いた人物だ。長年信じられてきた故宮の存在意義を否定するような発言がトップから出たわけだから、一石を投じたどころではなく、波紋は果てしなく広がる様相を呈した。

杜正勝と前任院長の秦孝儀は、院長交代直前の二〇〇〇年四月二七日、業務引継のために面談を行った。秦孝儀はかねて「故宮は華夏文化の精髄のみを収集する一民族一文化の博物館である」と主張してきた人物だ。

杜正勝が「多元的な世界水準の博物館を目指したい」と抱負を語ったのに対し、秦孝儀は「多元化は世界の博物館の趨勢《すうせい》かもしれないが、一元的な故宮は一元的な華夏文化を特徴としており、それは誇りとすべきで弱点や負い目とすべきではない」と真っ向からやり返した。本来は儀礼的なはずの面談が、とげとげしい言い争いとなった。

二〇〇一年二月四日、台北で博物館のあり方を論議するシンポジウムが開かれた。パネリストとして参加した野党国民党の陳学聖・立法委員は「故宮は中華文化の文物で国際的な人気を集めてきた。台湾の文物を含めることは博物館の経営上、ありえない話だ」と述べ、従来の中華文化路線を踏襲するように同じパネリストの杜正勝に求めた。

さらに、味方のはずの与党民進党の林濁水・立法委員も「台湾文化と中原文化を対抗させようという気概はいいが、台湾文化が中原文化に追いつくには一〇〇年、一〇〇〇年という時間がかかってしまうのではないか」と語り、杜正勝の性急な行動をいさめた。

しかし、台湾政治において「去中国化（脱中国）」を政権の最大目標に掲げる民進党指導部は行動を加速させていく。故宮改革の切り札として打ち出したのが、台北故宮初の分院「故宮南院」の建設計画だった。

南部に打ち込まれた改革のくさび――「故宮南院」

二〇〇一年、陳水扁政権は、南部の嘉義県に、故宮の分院を建設する構想を発表した。「故宮南院」と呼ばれるもので、台北故宮にとっては初めての分院となる。北京の故宮博物院時代には、一度、南京分院が設置されたことがあった。

嘉義という建設場所については、政治的なにおいが漂っていた。

嘉義は日本人にとってなじみの深い場所だ。戦前、台湾が日本の植民地だったとき、現在の甲子園大会にあたる全国中学野球大会に、台湾から嘉義農林のチームが出場し、大活躍して日本本土の人々を沸かせたことがあった。また、嘉義は台湾観光の目玉である阿里山への登山口にあたり、日本人ファンも多い阿里山登山鉄道の起点にもなっている。

ただ、嘉義には農業と林業以外はこれといった産業もなく、人口も五〇万人台と少ない。台湾を代表する博物館が建設されるには似合わない印象は否めない。しかし、与党民進党にとって嘉義は有力な集票基盤の一つで、嘉義県の知事・陳明文は民進党の実力者でもあった。

陳明文は、もともと国民党の地方政治家だったが、後に民進党に寝返った人物だ。理想家肌の活動家出身が多い民進党の中では手練手管に長《た》けた珍しいタイプの政治家で、二〇〇九年に県知事を任期満了で退任し、翌年の立法委員補欠選挙で嘉義選挙区から当選を果たしている。政治家としては総統や行政院長に就くことはないが、しぶとく生き残って隠然たる政治力を保持しているやり手の政治家である。

私が台湾に着任した直後、各地の自治体のトップをあいさつ回りしたことがあり、陳明文とも県知事室で面会した。驚いたのは、知事室を辞した数時間後、台湾の通信社から「陳明文知事、朝日新聞にかく語りき」というニュースが流れたことだ。ちゃっかり、外国メディアも注目する人物だとのアピールに利用された形だった。このやり手の陳明文が影響力を発揮して陳水扁に働きかけ、故宮南院を地域振興のため誘致したと信じる関係者は多い。

日本統治時代以来の見渡す限りのサトウキビ畑だった広大な土地で、地盤を固める工事の音が響きわたる。周囲には、工事の現場事務所以外の建物は見あたらない。正直、こんなところに博物館を作ってどうなるのかとの思いが頭をよぎった。

台北故宮初の分院として民進党・陳水扁前政権が打ち出した「故宮南院」の予定地を私が訪れた二〇〇九年、本来の予定ならば開館しているはずであった工期は大幅に遅れ、まだ地盤を固める基礎工事が続いていた。

計画では、台北故宮の四倍に当たる七〇ヘクタールの土地に七一億台湾ドル（約一九〇億円）の予算を投じ、設計は米国の著名建築家アントワン・プレドックに依頼した。二〇〇八年の開館を目指し、二〇〇五年に工事が始まった。

故宮本院が「中華文化の博物館」であるのに比べ、故宮南院は「アジア文化の博物館」という位置づけを明確にした。杜正勝に続いて二〇〇四年に故宮院長に就任した石守謙《シーショウシエン》は、故宮南院の未来の姿について、次のような構想を明らかにしている。

「故宮南院の発足時には二五〇〇件の文物が必要だが、故宮本院が収蔵している文物のうち、一五〇〇～二〇〇〇件のアジアと関係のある文物を移したい。そのほかは五億台湾ドルの経費を使って、内外のコレクターなどから購入する。博物館内部には五つのテーマ別展示室を設ける。その内訳は、仏像、染付磁器、チベット文化、茶文化など、中国のみならず東南アジア、日本、韓国、南アジアに広がりを見せる文化という特色を持っている。中国内から集めた従来のコレクションに、新たに収集したアジア各地のコレクションを組み合わせ、中華とアジアのコラボレーションによって故宮における中華とアジアの連続性を映し出すつもりだ」

故宮の従来の収蔵品と新規購入だけで足りない部分は、欧米でアジア美術のコレクションが豊富な博物館、美術館と提携する方針を打ち出した。台北故宮の有り余る中国美術の収蔵品を貸し出して、かわりに欧米からアジア美術の品々を借り受けられれば、コストをかけずに展示品を豊富にできるという計算だった。

故宮南院の設立には、故宮の「アジア化」以外にも目的があった。

民進党政権は、それまで台北など北部中心だった台湾の文化行政の重点を、民進党の地盤である南部へ移し替えようとしたのだった。

台北故宮には、「三宝」と呼ばれる三つの超人気収蔵品がある。

第一の宝は、台北故宮と言えば誰もが思い浮かべる「翠玉白菜《すいぎょくはくさい》」。白菜をかたどった翡翠彫刻の傑作で、白菜の白い部分の上に、緑の葉の部分があり、イナゴやキリギリスまで彫り込んである。分かりやすい題材が人気の理由でもある。

第二の宝は「肉形石《にくけいせき》」。豚の角煮をメノウ類の鉱物を使って彫り上げたもので、赤身と脂身、皮までが質感を持って浮かび上がり、見る者の目を楽しませる。

最後が「清明上河図《せいめいじょうがず》」。前の二作が芸術的価値よりも大衆的なわかりやすさから参観者の人気を集めているのに対し、こちらは正真正銘の中華文化の歴史的傑作だ。原作者は北宋の画家、張択端とされる。清明節の頃の北宋の都、汴京《べんけい》（現・河南省開封）の都市生活を描いたもので、画中に総勢一六四三人の人々の営みが活写されており、中国の絵巻のなかで最高傑作の一つとされる。

民進党政権はこの「故宮三宝」を初めて台北故宮の外部に出した。南部・高雄で故宮三宝の展覧会「璀璨東方」を二〇〇三年に開くためだった。当時の院長、杜正勝は、南部での展覧会について、「台湾における文化リソースの分配の南北不均衡を是正するものだ」と語っている。

台北は台湾の首都であり、台湾の主要な行政施設や博物館、美術館は台北に集中している。南部には、常に国民党の「台北優先」への不満感があった。台湾における「南北格差」は、国民党の支持基盤が北部、民進党の支持基盤が南部という政治的構造を背景としているため、民進党政権は文化面での南北格差の打破というメッセージを「故宮三宝」の南部展示に込めたのである。

「三人目」は女性院長

二〇〇四年五月に発足した第二期陳水扁政権において、教育部長（教育相）に転じた杜正勝にかわって、杜正勝の下で副院長を務めていた石守謙が政権二人目の故宮院長に就任した。

石守謙は一九五一年台湾生まれ。美術史の専門家として台湾大学美術史研究所の所長などを務めた。外向的な性格で時に発言が過熱しやすい杜正勝に比べて、石守謙が他者に与える温厚な印象は対照的であり、控え目な学者タイプの人物だとされている。

石守謙は私からの数回にわたる取材申し入れをすべて拒否した。石守謙は退任後、故宮の改築をめぐる汚職事件の容疑者となって逮捕され公判中で、外部への発言を控えていたためと見られる。石守謙は、故宮のデジタル化や国際交流などについてあちこちで発言を行っていたが、民進党の故宮改革について書き残した資料や発言はあまり見あたらない。この点では、初代院長の杜正勝とは故宮改革へのスタンスを異にしていた可能性もある。

美術史家として「皇帝コレクションから国宝へ」という論考を書き残している。二〇〇二年に日本でのシンポジウムにゲストとして呼ばれたときに発表したものだが、清朝皇帝のコレクションだった故宮の文物が、戦乱を避けて中国各地をさまよう過程のなかで次第に国宝としての位置づけを獲得し、奇跡的とも言える逃避行を成し遂げたことで「神格化」に至ったと論じた。美術史家らしい流麗な筆致の論文で、故宮の歴史と権力との関係を描ききった内容だった。

石守謙の故宮に対する理解が深いものであったことは、その論考から十分に知ることができる。しかし、石守謙の立場はあくまでも美術の専門家という「分《ぶん》」を守ろうとしていたようで、論文にも杜正勝のような鋭角的な政治的主張は見あたらない。逆に言えば、民進党の故宮改革の担《にな》い手としては陳水扁の目には十分ではないと映っていたようだった。

二年で交代となった石守謙のあとを継ぎ、その下で二年間、副院長として仕えた林曼麗《リンマンリー》が、二〇〇六年、故宮初の女性院長に就任した。林曼麗は陳水扁にとって故宮改革の切り札としてかねてから院長起用を狙っていた人物だった。

林曼麗は流暢な日本語を操る。台湾師範大学で美術学を専攻したあと、一九八〇年からほぼ一〇年間にわたって東京大学に留学している。日本で修士と博士を取得し、台湾に戻って大学で教鞭をとるかたわら、自らの現代アートの作品を発表してもいた。

故宮院長としてのインパクトで言えば、杜正勝よりも上だったかも知れない。女性であること、美人であること、専門が現代アートであること、そして、陳水扁と同じ南部・台南の出身で陳水扁とは非常に近い立場であることが知られていた。

林曼麗も「自分は陳水扁の文化担当の個人アドバイザー的存在だった」と自任している。

林曼麗

研究者だった林曼麗を台北市長時代の陳水扁が文化行政にヘッドハントしたことから二人の関係は深まった。一九九六年、陳水扁は台北市美術館の館長に林曼麗を起用。当時、林曼麗は東京芸術大学の客員教授として日本に滞在したあと、台北の大学に戻ったばかりだった。「帰りを待っていた。市立美術館を再生してほしい。台北を美術都市に変えたいと思っている」そう陳水扁に口説かれ、林曼麗は大学を休職という形で離れた。

欧米や日本のアートの潮流に詳しい林曼麗のもと、台北市美術館は海外のメジャーな美術館との共同展覧会など魅力的なイベントを活発に誘致するなど、それまではあまり注目を集めない展覧会が多かった台北市美術館が見違えるように元気になった。

林曼麗は台北市美術館が主催する「台北ビエンナーレ」に海外の作家を招き、作家や作品を選ぶコミッショナーには日本人の美術専門家の南條史生を起用した。中国人の爆破アーティスト、蔡国強の派手なパフォーマンスも美術館の展示作品として異例の導入に踏み切って話題を集めた。ところが、林曼麗を抜擢した陳水扁が一九九八年に台北市長選挙で馬英九に敗北を喫する。市長が馬英九に変わった途端、順調だった林曼麗の館長業務は政治の荒波に巻き込まれた。

文化行政の主導権をめぐる女の戦い

馬英九は台北市政府に「文化局」を新設し、初代局長に著名女性作家の龍応台《ロンインタイ》を起用した。ベストセラーを何作も残している龍応台は馬英九と同様、中国大陸から一九四九年以降に台湾に渡ってきた外省人の出身である。林曼麗と龍応台はともに台湾を代表する女性文化人であり、一九五四年生まれの林曼麗に対し、龍応台は一九五二年生まれと年齢も近かった。組織での立場上、文化局長の龍応台が、台北市美術館館長の林曼麗の上司になる形となったが、負けん気の強い二人は激しい「女の戦い」を繰り広げた。

台北市長選には敗れたものの二〇〇〇年春の総統選で国民党の候補者、連戦らに勝利した陳水扁は、外国の賓客を集めた就任パーティーを台北市美術館で開催するアイデアを、かつての部下である林曼麗に打診した。

林曼麗によれば、戦端はトイレで切られた。台北市議会の開催中、休憩の間に市議会の女子トイレで偶然、龍応台と顔を合わせた林曼麗は、陳水扁の就任パーティーの計画を伝えた。その場で龍応台は「問題ありません」と答えたが、表情はこわばっていたという。

その夜、龍応台から林曼麗の自宅に電話が入った。すでに方針は覆っており、龍応台はこう言ったという。

「政治と文化は分離されるべきで、パーティーは好ましくない。中止して欲しい」

林曼麗は反論を試みたが、龍応台も譲らない構えで、結局、馬英九率いる台北市政府の決定として陳水扁の総統就任パーティーは中止に追い込まれた。

林曼麗と龍応台の対立はその後も多くの局面で続き、美術館の運営も以前のように思い通りにできなくなっていった。予定していた企画の変更や中断が相次ぎ、次第に林曼麗も「名誉ある辞任」への決意を固めていった。

二〇〇〇年夏、龍応台は先手を打って林曼麗を市政府に呼び、解任を告げた。その内容が林曼麗を激怒させた。

「美術館の館長を解き、市政府の参事とする」

参事とは、名ばかりの名誉職で、明らかに更迭だった。

「私は政治任命で、教授ですよ。そんな人間を参事に任命するなんて……」

林曼麗は抗議するとともに、当時企画中だった東アジア油絵展を終えてから退任する考えと、参事職は受けないことを龍応台に告げた。林曼麗は油絵展を終えてから退任した。林曼麗は振りかえる。

「結局、あの人たちは陳水扁が当選したことが気に入らなかった。何か嫌がらせできる材料を探して、私を追い出したかったのです」

これに対し、逆に龍応台の側では、林曼麗こそ、陳水扁との関係など政治色が濃い行動が目立ち、「文化に政治を持ち込んだとの批判は免れない」と主張した。

林曼麗はいったん文化行政を離れたが、復活の機は二〇〇四年に訪れた。二期目を迎える陳水扁から故宮の副院長就任を打診されたのだった。

林曼麗はそのときの陳水扁の様子をよく覚えている。林曼麗は総統府の執務室に呼ばれた。

「故宮の副院長を任せたい。引き受けて下さいますね」

せっかちな陳水扁は、用件があるときは本題からいきなり入ることが多い。

林曼麗は戸惑った。突然だったこともあるが、故宮という博物館に対して、林曼麗なりの独自の考え方もあったからだ。

林曼麗の専門は現代アートで、大学で教えながら、自ら作品も発表している。その世界には人脈も知識もある。しかし、伝統的な中国美術には詳しくない。加えて、故宮という博物館に対して、林曼麗はもともと、あまり親近感を持てない部分を感じていた。

「私にとって故宮は全然、魅力的なところじゃなかった。コレクションは確かに人類の財産なのでしょう。素晴らしいと思います。しかし、中国の文化の象徴みたいな場所だった。権威的で、政治的で、息が詰まる場所、としか考えられなかった。私は自主独立で新しいことをやってきた人間。陳総統には最初、ノーといいました」

説得は一時間以上続いた。陳水扁は、故宮副院長の人事が「進可攻、退可守（進むもよし、引くもよし）」のポストであると林曼麗に言い、将来の故宮院長への含みを持たせたポストであることをにおわせた。

「故宮のトップに上り詰める可能性もあるし、もし、うまくいかなくても、大学教授に戻ればいいではないか」という両にらみで引き受けてほしい、という意味だ。

説得の際、陳水扁は林曼麗にこんな口説き文句も口にしている。

「私は故宮を台湾の博物館に変えたい。故宮はあなたみたいな人間が行ってこそ、台湾の博物館になれる。どうしても引き受けてほしい」

林曼麗は、陳水扁の態度に「総統としての故宮改革への覚悟を感じた」という。だが、その場では固辞したまま、執務室を後にした。故宮という博物館で自分が何をできるのか、「明確なビジョンを持てなかった」からだという。

執務室を立ち去る際、陳水扁は不機嫌になり、林曼麗の顔を見ることもしなかった。

林曼麗には「文化関係では私が陳水扁に最も信頼されているアドバイザーである」という自負もあった。その自分を信頼し、故宮副院長に起用を決断した総統・陳水扁が黙りこくっていた姿を目にした林曼麗は「引き受けてあげないと陳水扁に申し訳ない」と感じ、その日の夜に受諾の電話を入れた。

それから二年後、院長に着任した林曼麗が重苦しい「古代」を背負っていた故宮に、「現代」

という華やかな空気を運び込んだことは間違いない。

「old is new」。林曼麗は就任早々、こんなキャッチフレーズを世にはなった。

二〇〇七年に私が初めてインタビューした時、林曼麗は「old is new」について、こう説明している。

「伝統ある文物に二一世紀の技術を生かし、新しい価値を生み出すことです。それぞれに独特の物語や背景がある文物のデザインを生かして商品開発に結びつける。文物も作られた当時は最新の技術を駆使したアートでした。今日の古典は昨日の前衛なのです。先進的なものは常に古いものから栄養を得ている。ハイテクを生かして、人類の遺産が生活や心の中へ染み込んでいくようにしたい」

林曼麗は、CG(コンピューター・グラフィクス)効果を使った文物紹介の番組や、「ナショナルジオグラフィック・チャンネル」など海外のテレビ局とタイアップして最新の映像で文物を紹介する番組も作った。

当時故宮で進んでいた大規模改修工事でも、故宮創設以来の伝統だった陳列方式を「分野別」から「年代順」に変えた。「どの時代にどんな人々によって作られたか」に対して、参観する人の意識が向くようにしたい、という狙いからだった。

組織にも手をつけた。林曼麗によれば、従来の故宮は研究・管理部門に人員を集中させすぎて、「見せる方」に十分な人的リソースを向けていなかったという。

「従来の故宮は頭が大きくて手足が小さかった。頭というのは研究中心の体制で、手足は、展示、サービス、教育、ライセンス管理などの部門にあたる。私は手足にあたるところを強化し、博物館として対外的機能を充実させました」

こんな林曼麗のスタイルは、議論や主張を前面に出して政治臭も強かった杜正勝の改革と、表現方法において異なっていた。林曼麗はあくまでも博物館は社会に対するサービスを第一としなければならず、工夫をこらして社会の関心を引きつけ、人々を博物館に呼び、楽しませる仕組みを編み出そうとした。それは従来の「保管を第一の任務とする」としてきた、伝統的故宮の発想とはやはり大きく異なるものだった。

国民党の阻止行動の前に

陳水扁が林曼麗に語ったように、民進党は「中華」を背負っていた故宮を「台湾の博物館」としたかった。なぜなら、民進党の見方によれば、台湾の民衆にとって中華とは、台湾を抑圧の対象とする側に他ならなかった。初代民選総統の李登輝は国民党を日本やオランダと同列の「外来政権」と呼んだ。そうであるなら、中華は台湾にやってきた「外来政権」の証《あかし》であり、中華の克服こそが民進党政治が台湾にもたらす変化のシンボルとなるはずだった。

しかし、陳水扁政権の低迷と共に、民進党の故宮改革にも暗雲が垂れ込め始める。陳水扁総統は二〇〇四年の総統選をどうにか僅差で勝ち抜いたものの、二〇〇六年には総統府機密費の不正流用事件が明るみに出たことで支持率は急落した。

二〇〇七年五月二四日、台湾の新聞各紙の一面に、前院長の石守謙が手錠をかけられた衝撃的な写真が掲載された。石守謙は、台北故宮の増改築プロジェクトにかかわる業者との癒着があったとして、同日未明に事情聴取を受け、収賄の疑いで逮捕された。故宮の歴代トップのなかで初めての逮捕者。事件の捜査を行った法務部調査局によると、故宮の本館および周辺施設の改築の際、プロジェクトの責任者であった石守謙は特定の業者に発注するため、価格決定からその業者との打ち合わせを重ね、入札でその業者が落札できるよう便宜を図ったという。

一方、石守謙側はそうした事実はなかったとして潔白を主張し、二〇〇九年に一審で無罪判決が出ている。

故宮南院の建設も暗転した。陳水扁政権の最終年となる二〇〇八年の完成を目指した故宮南院は、大幅な遅延が隠せない事態となった。二〇〇六年に院長の林曼麗は工事の遅れをみとめたうえで「二〇〇九年には工事を完了し、二〇一〇年にはオープンさせたい」と態勢の立て直しを対外的に誓ったものの、その半年後には「完成は二〇一一年六月になる」と再度修正を迫られることになった。

度重なる計画変更によって建物の設計に多くの矛盾点が生じ、その調整のために時間を費やしている、というのが対外的な説明である。

これらの問題は、野党国民党が多数を占める立法院において、故宮南院の建設計画に対して国民党立法委員がことあるごとに疑問を提起し、立法院の可決が必要な故宮建設予算の執行などに困難が生じたことが大きな原因だった。

台湾の政治システムで、行政権は総統及び総統が指名する行政院長が組閣する行政院（内閣に相当）に属している。一方、台湾には立法院（国会に相当）があり、日本と似た選挙制度で選ばれてくる立法委員が、行政院から立法院に提出される法案や予算案の審議を行う。

陳水扁総統の任期八年のなかで、民進党は立法院で一貫して少数与党に甘んじていた。日本のような議院内閣制における少数与党の状態とは少々違い、立法院が総統を罷免することは基本的にほとんど不可能に近いため、政権がすぐに倒れることにはならないが、法案や予算で常に野党国民党側の嫌がらせを受けやすい弱点を抱えていた。

「アジアの美術館」を標榜する民進党の計画に対して、国民党側は「故宮はアジアの美術館にはなりえず、中華文化の美術館や博物館とするのがふさわしい」と反論した。こうした「そもそも論」が立法の府で戦わされていたというから、対立の根は深かった。

国民党は、民進党が始めた故宮改革に対し、台湾民衆の支持が比較的高いとみて当初は苦々しい思いで黙って見ていたが、陳水扁政権の弱体化が明らかになるにつれ、故宮改革の阻止行動におおっぴらに出始めた。

故宮はアジア文物の購入をスタートさせ、開館の年と当初想定していた二〇〇八年までに一億七〇〇〇万台湾ドルの新規文物購入予算を組む計画を立てた。二〇〇八年予算で七二〇〇万台湾ドルを計上しようとしたが、立法院はこの予算を認めなかった。文教族の洪秀柱、李慶安ら国民党立法委員は「購入予定の文化財にしめる中華文明の比率が三分の一しかない。これでは、中華をテーマとする故宮の性格と矛盾する」と批判し、予算を凍結したのである。

当時、林曼麗は立法院文教委員会でこう反論した。

「私たちは、故宮が世界五大博物館に位置づけられていながら、唯一、単一文明をテーマとする博物館になっている。テーマを限定して自らをしばるべきではない。収集品を拡大することで、影響力を増し、より本来の中華文明の魅力も広がるはずだ」

だが、国民党からすれば中華文物の所蔵・展示をうたっている故宮がアジアの文物を収集することの正当性が存在しないということになり、制度的にはある意味で正論でもあるため、民進党執行部も国民党立法委員の「壁」を突破することは困難だった。

そんななか、故宮改革の八年間の総括ともいえる与野党攻防が、二〇〇七年末から二〇〇八年春にかけて展開された。

故宮の存在を規定している法律である「国立故宮博物院組織条例」の改正審議であり、民進党が最後に打って出た大勝負だった。

同条例は一九八七年に施行されたものだが、民進党側は条例を組織法に変更すると同時に、文面の全面修正を立法院に提案した。

同条例では、第一条の故宮の設立目的のなかで、「元国立北平故宮博物院及び国立中央博物院準備処所蔵の歴代古代文物と美術品を整理・保管・展示するため、並びに古代中国文物と美術品の収集・研究・説明・普及などを強化し、社会的な教育効果を高めるために、国立故宮博物院を設置し、行政院に隷属する」（傍線は著者）と規定していた。

民進党は右記第一条で傍線部分をすべて取り去ってしまう修正案を提出した。また、二条以降でも「古文物」という記述が頻繁に出てきていたが、修正案ではすべて「古」を抜いて単なる「文物」とした。

中国大陸にあった故宮博物院や中央博物院の文物を台湾に運び、それをしっかりと守っていることが故宮の存在理由であった。民進党はこの改正によって、そうした故宮のルーツを断ち切りたかったのである。また、古代中国文物という限定要素を削除することで、故宮の収集方針を「中華」のくびきから解き放ち、故宮南院によるアジア文物収集にも道を開こうとした。

だが、結果としては、この改正は頓挫した。やはり国民党の立法委員の反対によって妥協を余儀なくされ、傍線の部分はすべて復活させられた。この攻防で民進党が勝ち取ったものと言えば、時代に合わなくなっていた故宮の組織構成を弾力化できるように改正した部分だけだった。

民進党の故宮改革における一大敗北であり、法案成立の決定権を持つ立法院で多数を政権八年間で一度も握れなかったことが、最大の敗因だった。加えて、当時の民進党政権は陳水扁総統のスキャンダルで人気が低落し、次期総統選で政権交代が確実視されていた。そんな状況下において、立法院で多数を占める国民党が民進党に譲歩する必要性は限られていた。

陳水扁の秘密訪問

余談だが、与野党攻防がヤマ場を迎えていた二〇〇八年二月九日、故宮改革の総責任者であった陳水扁が故宮を訪れている。この日程は当時明らかにされなかった。

陳水扁は林曼麗に伴われて、故宮の背後にある山に掘られたトンネルの倉庫に入った。故宮では、倉庫に入ることを「入庫」と呼び、特別なセキュリティが必要とされ、ルール上、総統といえども文物の勝手な持ち込みや持ち出しは絶対に不可能である。

このとき、陳水扁は倉庫で乾隆帝時代に製作された「大蔵経《だいぞうきょう》」を見たとされる。大蔵経は仏教関係の経典や書物を集大成したもので、故宮に置かれているものは密教関係を多く含んだ「チベット大蔵経」と呼ばれるものだ。

台湾や中国では「大蔵経を見た人間は幸運に恵まれる」と信じられている。総統退任まであと三カ月、そして、二期八年を務めて自らは出馬しない総統選挙まであと一カ月というタイミングである。当時、総統選の情勢では民進党候補の不利が伝えられていた。陳水扁は台南の田舎で育ち、台湾の土地信仰の神を熱心に拝んだり、風水にこだわったりするなど、信心深い性格で知られている。

林曼麗は当時のことを「総統がどういう思いで大蔵経を見に来たのか私には分からない」と言う。推測だが、陳水扁自身が改革を仕掛けた故宮を訪れ迷信の類のような行為にすがりたいほど、総統選の敗北という選挙結果を恐れていた可能性はある。後に海外への不正送金などの疑いで逮捕された陳水扁だが、この時点ですでに海外の司法機関から資金の不自然な動きを問い合わせるレターが台湾に届いており、陳水扁も事態の深刻さを知っていた。

もし国民党の馬英九候補が当選した場合、不正送金問題がスキャンダルになることは容易に想像がついた。陳水扁は総統選の奇跡的な逆転を願い、大蔵経の「霊験《れいげん》」にすがりたいほど、窮地に追い込まれた心境だったのかも知れない。

「中華中心主義の壁に阻まれた」

二〇〇八年五月初旬。私は台北故宮の院長室で、林曼麗と向き合っていた。数日後に退任を控える彼女に、故宮改革に対する自己評価の言葉を聞きたいと考えたからだ。院長として受けた最後の取材だったという。

林曼麗から普段の多弁さは影をひそめ、物憂げな表情が印象的だった。立法院への不満、故宮南院の建設実現への不安、故宮が変わった部分と変わらなかった部分などを聞いているうちに、約束の取材時間が過ぎようとしていた。

最後に尋ねようと心に秘めていた二つの質問をぶつけた。

「国民党の中華意識について、どう思いますか」

林曼麗は言った。

「国民党の一部の議員は中華的な観念が強すぎます。中華を守ることと、アジアに故宮を広げていくことは、全く矛盾しないのです。なんども立法委員たちに言いました。しかし、信じてもらえなかった。我々は脱中国や脱中華など試みてはいません。でも、守るだけでは自己を閉じこめるだけです。中華文化のすばらしさはそのままに、アジアを取り込んでいく。それが分かってもらえなかったことは本当に残念です」

民進党の故宮改革のある部分が、中華主義の分厚い壁に阻まれたことを、林曼麗も認めざるを得なかった。その言葉には、悔しさが隠しようもなくにじみ出ていた。

もう一つ、聞きにくい質問だが、聞かねばならないことがあった。

「これから誕生する新政権で、故宮はどうなるのでしょう」

「私には分かりません。私には答えられない。答えられないわ」

「答えられない」を繰り返して、林曼麗は言葉を切った。

強い拒絶の口調に対して、私が唖然としたことに気づいたのか、少し間をおいて、林曼麗はこう付け加えた。

「心配も不安もある。ですが、私はやることはやった。悔いはない。基盤は作ったと思う。向こうが変えたくても変えられないことも多い。向こうの考え方が変わることを望みます。そうなれば嬉しい。乱暴に過去に戻してはいけません。それはものすごく正しくない。繊細な文化というものを、政治的に乱暴に傷つけてはいけません」

民進党八年の故宮改革の行く末に何が待ちかまえているのか。

故宮に大きな「揺り戻し」の時期が来ることを私も予感していたが、あえて言葉にすることはためらわれた。それはあまりにも残酷なように思えたからだった。

第二章　文物大流出
——失われたのか、与えたのか

北京故宮の門

民進党が故宮改革で悪戦苦闘していた二一世紀初頭から、おおよそ一世紀分ほど時間を巻き戻していただきたい。

清朝の国力衰退が隠せなくなった一九世紀終盤から一九一一年の辛亥革命、そして一九二五年の故宮博物院の誕生までの間、紫禁城に秘宝として隠されていた皇帝のコレクションから大量の中国美術品が流出した。「故宮誕生前夜」という時期にあたる。決壊したダムのごとく、文物が奔流のように世界にあふれ出ていった。流出文物の具体的な統計など存在するはずもないが、欧米や日本など世界各地の著名な中国美術コレクションの形成がこの時期に行われたことを考慮すると、極めて膨大なものであったことは論をまたない。

中国にとっては痛恨の喪失である。同時に、世界にとっては皇帝権力の壁の向こう側にあった中華文明の極致を知るきっかけになった。

喪失と獲得はコインの表裏である。中国は失い、世界は与えられた。

中国王朝の栄枯盛衰と文物

中国では王朝が生まれては滅ぶ。栄枯盛衰という言葉がぴったりの歴史絵巻が展開されてきた。

中国史のエキサイティングな魅力は、中国人のみならず日本人や世界の歴史ファンの心をとらえて放さない。中国史にはタブーや妥協があまりない。残酷だが爽快な人間の闘争があるだけである。我々はそこに惹きつけられる。

日本人にとって身近な三国志を例にしてみよう。漢王朝の後継を標榜する劉備玄徳だが生活のためにわらじを編んでいた。曹操は金持ちではあったが宦官《かんがん》の息子であった。孫権の一族は盗賊からの成り上がりと言われている。いずれも家柄を誇りようがない人々である。彼らが、長い歴史からみれば一瞬にして頂点に上り詰め、転げ落ちていく愉快さ。

天皇万世一系を守ってきた日本の歴史にはないダイナミズムである。日本の天皇家の血筋は絶えたことがない。戦国時代でも誰が天皇や皇族を味方につけるかで争いはしたが、皇族を根絶やしにするようなことをやった人間はいない。

中国は違う。古い王朝を倒して新しい王朝が生まれる「易姓《えきせい》革命」という考え方に支配されている。「易」は変えることを意味し、「姓」は一族を意味する。徳のある者（一族）が天から支配者として認められるという建前を掲げているが、実際のところ、どこにも天など見あたらず、天命は力のある者が自ら創り出すのである。易姓革命は実力主義と言い換えることが可能だ。

天命のありかを示すため、最初は軍事力が必要となる。資金も要る。だが、王朝が成立したあとは官僚機構を整備し、税制を整えて予算を確保し、全土を効率的に統治しなければならない。だが、それだけでは王朝の権威があまねく認められたと言うことはできない。

政治学では、権威は「権力」と「正統性」によって確立すると定義されている。

権力とは文字通り、軍事力や資金力である。一方、現代社会において正統性は選挙や議会の任命などによって付与される。しかし、古代に民主主義は存在していないわけだから、何か別のものが必要となる。それが文化だった。

中国の歴代王朝で政権が安定するとほぼ必ず、皇帝は文物の収集に血道をあげた。文物を保持することによって、中華の王たる正統性を格段に高めることができた。

代表格が現在の故宮コレクションの原型を作ったといわれる清朝の乾隆帝だった。清朝は少数民族である満族が打ち立てた異民族王朝である。しかし、清朝歴代の王は漢族の王朝の王以上によく中華の文化を学び、文物を愛好し、かつてないほど文物を王朝に集めた。

乾隆帝はその中でも最も文物に造詣が深く、収集に熱心な皇帝だった。

「文物の大流出」は、乾隆帝たちが集めた文物を、子孫である末代皇帝・溥儀が、社会に戻していくプロセスでもあった。

文物流出の主役だったラストエンペラー

溥儀の自伝『わが半生』では、清朝の宝物に対する描写が異彩を放っている。

溥儀の無知や無邪気ぶりとあいまって、喪失の深刻さが浮かび上がるのだ。清朝宮廷に起きたモラルハザードの様子を、溥儀がなかば他人事のように書き残している。

「明清二代、数百年の帝王が収集した宝物は、二度にわたって外国兵が持ち去ったものを除き、大部分がなお宮中にあった。これらの品の大部分は点数が記帳されておらず、記帳されていても、だれも調べる者がいないので、なくなったのかどうか、どれだけなくなっているのか知る人がなかった」

「今考えてみてもそれはまったく一場の大略奪であった。略奪に参加した者は、上下こぞってといってよかった。言いかえれば、およそ盗むチャンスのある者は一人の例外もなく盗み、それも大胆不敵にやったのである」

盗み方にもいろいろあったようだ。「太監」という肩書で呼ばれた下級官吏は夜陰に乗じて文物を保管していた倉庫の戸をこじ開けたり鍵を壊したりして泥棒のように宝物を持ち去った。溥儀の直属の部下である大臣や官僚たちも、「質入れ・競売、あるいは鑑賞のための借出し、および下賜の請求など」ありとあらゆる合法的な装いをこらして持ち出しを図った。溥儀はこれらのことを知っていたがどうすることもできず、「私は他人が私の財産を盗んでいるとしか思わなかった」と回想している。

溥儀が家庭教師の英国人、ジョンストンから聞いた話によれば、北京の地安門街に多くの骨董店が次々と開店されており、ある店は太監が経営し、ある店は宮廷の高級官僚やその親戚が経営していたという。

ある日、溥儀も我慢ができなくなり、宝物への点検制度の導入を命令した。ところが、捜査を始めると、紫禁城のなかの宝殿が原因不明の火災に遭い、貴重な文物が「証拠」とともに葬り去られる事件が起きた。清朝末期の宮廷の乱れようには驚かされる。

ジョンストンの目からみて、文物の流出は恐るべき規模で進行していた。ジョンストンは溥儀に家庭教師として仕え、溥儀が紫禁城から追放された後は、落ち着き先を手配するなど、溥儀の人生の導き手のような役割を演じた人物である。

著書『紫禁城の黄昏《たそがれ》』で、ジョンストンはこの時期の皇室が「晩餐会の経費捻出にも苦労して多量の宝石や陶器を抵当に入れた」と記している。当時の皇室は収入などないのだから、当然質流れになり、外国人コレクターに二束三文で買いたたかれた。

ジョンストンは宝物の流出について強い懸念を抱いた。内務府の官僚たちを「不正きわまりない不経済な方法で宝物を処分している」と批判した。官僚と業者は「密接な腐れ縁」という間柄を利用して、市場価格よりずっと低い価格で売買していた。官僚に巨額のキックバックがもたらされたのは言うまでもない。

ジョンストンはたびたび溥儀に対策を講じるように求めた。だが、溥儀には為す術がなかった。ジョンストンも、聡明ではあるが実行力に乏しい末代皇帝の限界を知っていたようだった。

「その秘密は、若い皇帝が自らとやかく詮索できるようなものではなかった。というのも、皇帝は金銭の価値など教わったこともなければ、宮廷の宝物庫から定期的に貴重品を引き出して売れば、どれほどの入金額になるのかも、まるで知らなかったからである」と記している。

溥儀や清朝宮廷の官僚にも同情の余地がないわけではない。

一九一一年の辛亥革命で清朝は倒れたが、溥儀は紫禁城にとどまり、清朝の宮廷は延命を認められた。しかし、中華民国政府からの予算措置は限定的で、膨大な人件費や維持費を必要とする宮廷の台所はあっという間に火の車に陥った。皇室自身に収入源があるはずもなく、自然の流れとして、蓄えられた宝物に頼らざるを得なくなった。

政権崩壊の混乱は、略奪がどこまで認められるかによって計られる部分がある。二〇〇三年のイラク戦争でも古代文明の収蔵品がバグダッドの博物館から民衆によって持ち去られた。世界有数の治安を誇っている日本ですら、一九九五年の阪神・淡路大震災のときは小規模ながら略奪行為が起きたといわれる。清朝末期まではかろうじて保たれていた皇帝の権威も、辛亥革命で身分上すでに皇帝ではなくなった溥儀は、宝物の所有権の持ち主かどうかもあやふやな状態になっていた。

暗い未来が待ち受けているのは明らかで、溥儀の周囲にいる人間たちが、少しばかり宝物をくすねて蓄えに回そうと考えたのは、人間として理解できる反応であろう。

一方で、溥儀自身も文物の流出に一役買っていた。

溥儀がまだ紫禁城から追い出される前、ある目録が紫禁城の倉庫で見つかった。発見したのは文物の整理を行っていた故宮職員で、題目は「賞溥傑単」とそれに付随する「収到単」だった。つまり「溥傑への恩賞目録」と「領収目録」で、その資料によれば、溥儀は弟の溥傑に対し、大量の貴重な文物を与えていたのだ。溥傑は市中で文物を換金し、溥儀と分け合っていた。この方法で持ち出された宋、元、明の書籍は二〇〇種類に達し、書画は唐代から清代まで延べ一〇〇〇件を超えた。溥儀はこうして生活費を捻出すると同時に、宮廷から追い出された後の蓄えにも充てようとしていたと見られている。

溥儀もまた、宝物の所有者でありながら、同時に宝物を「盗んだ」一人だったのである。

溥儀は、自らの保身にも文物を盛んに利用した。

例えば、一九二三年に北京政府の大総統に就任した曹錕に対し、溥儀は気前よく、こんな大量の文物を誕生日のプレゼントとして贈っている。

哥窯《かよう》天盤口大瓶二件
嘉靖青花果盤二件
玉雕雲龍大洗一件
白玉雙管甲扁瓶一件
白玉詩歌山子一件
碧玉仙人山子一件
古銅三足朝天耳爐一件
古銅鼎一件
古銅鎏金雙鹿耳尊一件
琺瑯《ほうろう》葫瓶一対
琺瑯 宮薫《きゅうくん》一対
紅雕漆格一対
紅雕漆雙耳尊一対

個々の品物の価値は分からないが、宋代五大窯の一つの哥窯の大瓶などは常識的にみて値打ちの高いものであり、溥儀はこうした文物の贈り物を、呉《ご》佩孚《はいふ》、張作霖《ちょうさくりん》、徐世昌など、大物の軍閥政治家たちの誕生日などのお祝いがあるたびに贈っていた。溥儀は文物を資金源だけでなく、処世術としても存分に活用していたのである。

さらに、『わが半生』は溥儀自身と宝物の結末をドラマチックに描き出している。

紫禁城を追い出され、日本が建国した満州国の皇帝となった溥儀だが、日本が敗戦した後はソ連に抑留された。その後、中国に移送されて撫順《フーシュン》、そしてハルビンの政治犯収容所でほかの戦犯たちと一緒に思想改造を受けた。

溥儀は紫禁城から持ち出した小型の装飾品をトランクの底に隠していた。発覚を恐れる一方、告白した場合は罪に問われかねない不安にもさいなまれた。逡巡を重ね、最後は「罪を認めて告白すれば寛大に処置する」という共産党の勧めを受け入れ、勇気を振り絞って「白金、黄金、ダイヤモンド、真珠など、ことごとく選りすぐった、計四百六十八点の装身具」を収容所に差し出した。

テーブルに積まれた装身具を前に、溥儀は頭を垂れた。

「こうした品物をかくして、獄則、いや国法を犯してまいりました。もともとこれらのものは私のものではなく、人民のものであります」

収容所の所長は溥儀の勇気をたたえて、没収するのではなく溥儀の所有物として預り証を発行するという寛大な処置を実行した。溥儀は感動に涙し、共産党への信頼を高めていった――。いかにも共産党の思想改造にぴったりの美談が、『わが半生』にはつづられている。

溥儀もまた宝物によって人生を左右された哀れな人間の一人だったと感じる。

香港に出品された溥儀の装飾品

この時代への想像をかき立ててくれる装飾品に出会ったのは香港だった。

アジア芸術品マーケットの中心、香港。二大オークション会社、クリスティーズとサザビーズは、世界から集めた中国美術の逸品を、春秋の年二回のオークションにかける。二〇〇八年秋のオークションで、ある翡翠の簪《かんざし》がリストに載った。

同年夏ごろに台北でプレ展示会が行われた。ニューヨークから来ていた米国人のクリスティーズの専門家に簪の由来を尋ねると「清朝の流出品だが、まったく同じ品物が、瀋陽《シェンヤン》にある。簪は通常、一対で作られる。泣き別れの品と見て、間違いない」と教えられた。

簪は、台湾の所有者から出品されたという。香港が誇る美しい港、ビクトリア・ハーバーを見下ろすオークション会場まで見に行き、ガラスケースに入った実物を目にすると思わず息をのんだ。深い山に囲まれた湖水を思わせる翡翠特有の深い緑が、簪の鋭くとがった形状を美しく際だたせている。簪は基本的に日用工芸品ではあるが、芸術の域に達する品だった。

クリスティーズは高めの値段をつけて競りにかけた。だが、当時はリーマンショック直後ということもあり、バイヤーの反応は鈍かった。買い手がつかないまま、流札となった。もし私がお金持ちなら、真剣にビッドを入れたい気持ちになっただろう。

数カ月後、真冬の瀋陽に台北から飛んだ。中台関係の改善で始まった直行便は本当に便利だ。以前なら北京や瀋陽には台北からだと香港や韓国の済州島経由で行く必要があった。直行便なら、従来の半分の時間しかかからない。

中国・東北地方にある瀋陽は、清朝を興した満族の故郷である。清朝開国の祖であるヌルハチが建てた都で、満州国時代は奉天という名称で呼ばれたこともある。貴族たちは蒸し暑くて酷暑となる北京を避け、避暑地としてここで夏を過ごした。当時の宮廷建築がいまも保存されており、ミニ紫禁城というういでたちで、瀋陽故宮という名称の博物館になっていて、世界遺産にも登録されている。

クリスティーズは競売に先立つ二〇〇八年夏ごろ、瀋陽故宮に接触していた。

私に応対してくれた李理・副研究員がクリスティーズの電話を受けていた。

「見ていただきたい競売予定品があります」と言ってクリスティーズが送ってきたメールの添付ファイルを開いた瞬間、李研究員の脳裏にひらめきが走った。

「うちの倉庫に似た品がある」

クリスティーズは、瀋陽故宮に似た品があると知っていたわけではなく、中国各地の博物館に同様の問い合わせを行っていた。それが瀋陽でたまたまヒットした。李研究員が収蔵品リストから簪を見つけ出すのには、一時間もかからなかったという。

貴重な品だということは一目瞭然だったが、現在の競売市場は「来歴」つまり、競売品のヒストリーが重視される時代になっている。どんな場所で作られ、誰の手に渡ってきたのか。波乱万丈で、数奇な運命に満ちているほど、高い値がつく傾向にある。

李研究員から、瀋陽故宮が保管する簪の写真を受け取り、ほぼ確実に一対の品と見られるという鑑定を受け取ったクリスティーズは大いに喜び、競売にかけたという経緯だったのである。

瀋陽故宮が収蔵している簪は、向かって右側の飾りの宝石が取れており、欠落した先端部分を金属で補っている。簪にはコオロギがあしらわれ、雲彩と呼ばれる文様が彫りこんである。「清代末期の品であるのは間違いない」と李研究員は断言した。

溥儀が収容所の所長に差し出した装飾品は、その後、曲折を経て、瀋陽故宮に移管されている。簪はかなりの確率で、溥儀が所有していた装飾品のひとつであったと思われる。李研究員は「当時の装飾品は通常、一対で作られた。材質、加工、デザイン。二つの簪が一対だったことを疑う余地はありません」と鑑定した。

おそらく、ある時期に一つの簪が外部に流出し、もう一つは溥儀がトランクに入れて運び出した。その生き別れとなっていた一対の簪が、オークションという偶然のチャンスによって、パソコンの画面上とはいえ、おそらくは一〇〇年ほどの時を越えて再会を果たしたのである。

南国台湾からやってきた私にとっては零下二〇度というとんでもない寒さの瀋陽故宮で、私を見送りながら李研究員がつぶやいた言葉が忘れられない。学術や歴史にこだわってきた人間ならではの思いがこもっていた。

「歴史は無常ですよね。もともと一対の完璧な組み合わせだった簪が、戦争と人間の思惑によって失われ、離れ離れになり、再び偶然によってめぐり合った。現代人にひとつの啓示を与えているとは思いませんか。古きものは大切にしないといけない。失われると、取り戻すのは決して容易ではない。今回の簪は極めて幸運な出会いとなったけど、その数千、数万倍のケースは永久に失われたままなんですから」

文物流出で世界が知った中華文化

この時期の清朝は、三度、文物流出の災厄に見舞われた。

最初は一八五六年のアロー号事件から起きた第二次アヘン戦争で、英仏連合軍は一八六〇年に北京に侵入し、円明園を占領。二万件とも言われる文物を略奪したとされる。皇帝の執務室であり、憩いの場でもあった円明園は廃墟と化した。

二度目は一九〇〇年の義和団の乱に発した混乱で、日英仏独露など八カ国が北京に進駐。頤和《いわ》園《えん》など皇族の施設が、各国軍隊による略奪を受けた。

三度目は辛亥革命後の紫禁城から溥儀や皇族、宮廷職員たちによって持ち出された時である。

中国にとっては悲劇だったが、世界は中華文化を知ることになった。

英国の大英博物館、米国のメトロポリタン美術館やボストン美術館、フランスのギメ美術館、日本の東京国立博物館……。世界の超一流の博物館は、必ずと言っていいほど、第一級の中国美術コレクションを誇っている。特に欧米において、中国美術の名品が収蔵され、展示されるようになったのは、一九世紀末から二〇世紀初頭にかけてのことだ。アジア文化の米国における受容の過程を取り上げた名著『アメリカが見た東アジア美術』（ウォレン・I・コーエン著）はこの時期を「東アジア美術蒐集《しゅうしゅう》の黄金期」と形容し、米国において「大小さまざまの美術館が、アジア美術のすばらしいコレクションを開始した」と指摘している。

当時の世界において、最初に東洋美術として受け入れられたのは日本文化だった。北斎ブームが起き、ボストン美術館でアジア美術のキュレーターを務めた岡倉天心のような人物が活発に日米間を往復して日本の美術を米国へ紹介した。

各地で盛んに万国博覧会が開催されるようになり、東洋の美術品が出品され、欧米の人々は次第にその魅力にとりつかれていった。日本からは浮世絵や伊万里、古九谷などの陶磁器が人気を集めた。「ジャポニズム」というジャンルが定着していったのはこの頃である。

例えば、ボストン美術館には「モース・コレクション」というものがあるが、これはエドワード・モースという動物学者が一九世紀後半に来日し、滞在期間中に日本各地をこまめに訪ね歩いて収集した五〇〇〇点近い日本陶器を中心とするコレクションである。モースはダーウィンの進化論を日本に紹介し、大森貝塚を発見した人物としても知られている。

モースがユニークな個性の持ち主で精力的な日本文化の収集・紹介に努めたことは間違いないが、当時の時代背景として、欧米で日本美術を中心とする東洋美術愛好ブームが起きていたこともモースの活動を後押ししていた。

明治維新で先に開国し、欧米社会を受け入れた日本の文化が先に世界に広がったことは必然の結果だった。日本優勢の状況に変化が訪れるのは二〇世紀初頭である。

辛亥革命前後、中国からあふれ出してきた文物が次第に欧米のコレクターに注目されるようになっていった。特に「チャイナ」と呼ぶ磁器文化を愛好していた欧米では、明代や清代の中国磁器は、土のにおいがする日本の陶器よりも魅力的に映った。展覧会や即売会があちこちで開かれ、中国美術を本格的に研究・収集する人々も現れ始めた。特に英国においては中国陶磁鑑賞サロンのような場が貴族社会に萌芽し、中国の陶磁器は質量ともあっという間に日本の陶磁器をマーケットの片隅に追いやった。

そんな中国美術の世界的普及に大きな貢献をした人物に、一人の日本人がいた。

山中商会の山中定次郎である。一八六六年に大阪の堺市で古美術商の長男として生まれた定次郎は、幼いころから父親に連れられて作品に触れる機会があり、鑑定法や審美眼を若くして身につけていた。定次郎は海外に雄飛して仕事をすることを夢見て、英語の勉強も欠かさなかった。骨董商・山中吉兵衛の婿養子となった定次郎は、二〇代でニューヨークに渡って自分の店を出して成功を収め、ボストンやロンドンにビジネスを広げた。「ヤマナカ」の名前は欧米の収集家に知れわたり、シカゴ、ワシントンなどにも支店網を広げ、資金力をつけていった。

当初は日本の美術品や工芸品を扱っていた定次郎だが、次第に中国の美術品にシフトしていった。定次郎は北京に拠点を置き、貴族経由などで流出してくる清朝の陶磁器などを倉庫ごと買い取るような豪快なビジネスを展開した。『山中定次郎伝』には、辛亥革命のあった一九一二年、清朝皇族の恭親王家から所蔵品を一括して購入したエピソードなどが盛り込まれている。

明治中期から大正にかけて活躍した定次郎ら日本の骨董商はグローバルなビジネスマンだった。古くから中国の茶碗などを珍重してきた日本人の審美眼や、中国語の習得が欧米人より有利だという言語的な優位性なども手伝って、日本人骨董商は、明治中期から大正にかけて、世界の中国美術界で一時代を築いたのである。

その中でも定次郎の存在感は飛び抜けていて、一九一九年には英国王室よりロイヤル・ワラント（王室御用印）も下賜されている。

関西に花開いた中国美術サロン

私が関心を持ったのは、故宮の文物と関西のつながりである。関西には東洋美術を扱った資料館や博物館が多い。東京は都内一極集中だが、関西は、京都を中心に、大阪、兵庫、奈良に文化施設が分散しているのも特徴だ。

関西を代表する住友財閥の住友吉左衛門は世界最高峰とうたわれる青銅器コレクションを作りあげた。銅山を経営していた住友にとって青銅器は身近な美術品だったことが青銅器に肩入れした背景にあった。現在、この青銅器コレクションは京都の泉屋博古館《せんおくはくこかん》に収蔵されている。東京都内にも同名の博物館があるが、こちらは吉左衛門の長男、寛一が購入した中国絵画が中心となっている。

京都の藤井善助という商人は貿易業で財を成した後、書画や工芸品を多数収集し、「藤井有鄰館」という博物館を開いた。朝日新聞の創業者である上野家の当主、上野理一は書画に凝《こ》ったコレクションを作りあげ、上野コレクションとして京都国立博物館に寄贈された。二〇一一年一月から二月にかけて、同博物館で開催された特別展「筆墨精神」では上野コレクションが多数展示され、私も足を運んだ。国宝、重要文化財の作品が数多く入っており、その質の高さに呆然とさせられた。

白鶴酒造七代目の嘉納治兵衛は青銅器や金銀器、陶磁器など幅広い中国工芸の収集品を手に入れた。これらは現在、白鶴美術館（神戸市）のコレクションのおおもととなっている。東洋紡績社長の阿部房次郎は中国絵画を収集し、大阪市立美術館に寄贈されている。神戸の商人・黒川幸七は中国の書画、貨幣、鏡、刀剣などを幅広く収集し、現在はそのコレクションを母体とする黒川古文化研究所（西宮市）として研究・展示活動を活発に行っている。

これらのコレクションを作った関西商人たちは「蘭亭会」という中国美術サロンによって結びついていた。サロンは、月に一度、京都の豆腐料理で有名な南禅寺の料亭で開かれた。このサロンの中心にいたのが、戦前を代表する東洋史学者で、アジア主義を提唱した内藤湖南だった。

内藤湖南に加え、五・一五事件の凶弾に倒れた犬養毅、甲骨文字研究の大家で辛亥革命によって日本に亡命していた羅振玉《らしんぎょく》などが蘭亭会における関西商人たちの指南役となった。ほかにも、郭沫若《かくまつじゃく》や梅原末治など、そうそうたる顔ぶれが「蘭亭会」には出入りした。彼らがもたらす文物への見識に関西商人たちは魅了され、ビジネスで稼いだ資金を、惜しげもなく日本に流入してきた中国美術につぎ込んでいったのだった。

内藤湖南らは、中国の文物が欧米に持ち去られるぐらいならば、隣国である日本が保有し、いつの日か善隣の精神に基づいて日本から中国に戻されることが理想的であると考えていた。この理想派アジア主義の反映ともいえる中国文物への姿勢は、商人たちに強い影響を与えた。

二〇〇九年の冬に私が訪れた黒川古文化研究所は、黒川幸七の収蔵姿勢について、「名品一点主義ではなく、研究上、意義があるものを集約的に集めていたのが特徴でした。内藤湖南らの助言に基づき、中国の美術をどのように日本に残し、伝えていくのかを考えていました」と説明してくれた。

京都の藤井有鄰館を訪問した際には藤井善祠館長から「藤井善助は、上海の東亜同文書院にも留学し、上海港から欧米に次から次へと流出していく中国の文化財を目撃して心を痛めていた。同文同種の日本への移入こそが、自分の使命のように念じていたようです」というエピソードを教えてもらった。

関西で中国美術コレクションが確立していったころは、まだ日中関係は戦争状態に入っていなかった。孫文がアジア主義を唱える有名な演説のなかで日中連携を訴えたのも神戸だったが、関西の中国美術コレクションの数々には、まだ穏やかで、ロマンをたたえていた日本と中国の姿がほのかに投影されているのである。

第三章　さまよえる文物

保管庫だった安順の洞窟

故宮の文物が神秘の輝きを放つのは、戦乱に巻き込まれ、中国各地を逃げまどい、最後に海を渡って台湾に行ってしまうという、前代未聞の放浪譚《たん》に負うところが大きい。

文物の流転物語も、内部の人間にとっては戦乱からの逃避行である。この章では文物と共に逃げまどった人々を通じて、故宮流転の物語を明らかにしてみたい。

那志良《ナーチーリアン》という人物がいた。一九二五年の北京での故宮博物院の誕生から、台湾への文物移送、そして台北故宮の誕生まで、すべてのプロセスを文物と共に生き抜いた。故宮の生き字引として『故宮四十年』『我与故宮五十年』『典守故宮国宝七十年』など多くの著作を残している。また、日本の歴史作家、児島襄の大作『日中戦争』は、那志良を舞台回しに日中戦争を描いた作品である。これらの書物を手がかりに、那志良の目撃した流転のありようを記述する。

一九二五年、高校を卒業したばかりの弱冠一七歳の若者、那志良は、清朝最後の皇帝、溥儀退位後の紫禁城に設立された「清室善後委員会」で働き始めた。

清室善後委員会とは、北京政府が清朝王室の残した紫禁城の品々を点検し、再利用を図るために作られた組織であり、故宮博物院の母体となった。

高校卒業を控えていた那志良は、一九二五年の元旦に高校の校長の家を訪問した。ちょうどそのとき、清室善後委員会から校長のもとへ、清朝から引き継いだ文物の整理にあたる人材の募集が来ていた。校長から「君はまじめな性格だから、ぴったりの仕事ではないか」と言われ、那志良も異存はなく、翌々日には故宮で働きはじめた。

那志良は満族である。満族は清朝の支配階層だったが、富裕の家の出自ではなかったようで、事務員の一人として雇用されたに過ぎなかった。

当時、清室善後委員会には汪兆銘《おうちょうめい》、蔡元培《さいげんばい》、羅振玉など、そうそうたる顔ぶれがそろっていた。「紹英日記」で知られる官僚、紹英ら旧清朝のメンバーも委員会に入ったが、一度も会議に出席せず、故宮博物院の設立に向けた議論をボイコットしていたというから、故宮発足の過程にさしたる影響力を発揮したわけではなかったのだろう。

文物の整理を担当させられた那志良だが、当時は普通の高校生で、文物に関心も知識もなかった。勤務初日、同僚から「骨董品に興味があるのか」と聞かれ、「うちの茶碗とどこが違うか分からない。似たようなものではないのか」と答えた。すると、同僚らに「お前の家の茶碗はひとつ三角（一〇角で一元）だが、ここの茶碗は一つで数千万元するんだぞ」と笑われた。

真冬の北京の寒さは厳しく、文物の倉庫には火災を恐れて暖房もないため、手足や耳が凍傷になるのではないかと思えるほど作業中にかじかんで耐え難かった。

那志良たち職員の整理・点検作業が一段落を告げ、一九二五年一〇月一〇日の「双十節」に故宮博物院は発足した。辛亥革命発動の記念日である一〇月一〇日が選ばれた開館初日には二万人以上の市民がおしかけた。清室善後委員会が「故宮博物院臨時組織大綱」を議決したのは九月二九日だから、たった一〇日間あまりで博物館のオープンに至るという慌ただしさだった。

那志良によれば「展示室は入りたくても入れない、外に出たくても出られない」という大混雑に陥った。那志良は紫禁城の「養生殿」という部屋に配置されたが、あまりの混雑ぶりに一日中声をからして「前の人は進んで下さい。後ろにたくさんの人がまだ並んでいます」と叫び続けた。

紫禁城はその字のごとく「禁城」である。古くから皇帝がその執務を行い、生活する場所を指すもので、一般の人々には立ち入りが禁じられている。そこが中国の歴史上、初めて一般公開されたのが、故宮博物院の公開初日だった。

まさに「革命の成果」であり、民衆たちも文物への関心以上に、禁を解かれた皇帝の住居の中に入れることに熱意を持っていたと考えるべきだろう。

故宮は成立したものの、革命後の中国は軍閥による群雄割拠状態で北京政府の行政能力も限定的だった。政府から予算が十分に下りてこない有様で、那志良の給料は月に一五元しかなく、食べていく分には問題のない金額だったが、給料の遅配は日常茶飯事だった。那志良は最初に図書担当になり、後に古物担当に配属替えされた。月曜日だけ休日で、火曜日から土曜日までは文物の整理にあたり、対外開放される日曜日は会場の整理を任される日々を送った。

九・一八事変で変わった命運

蔣介石を中心とする国民政府は一九二八年に北伐を完了し、中国にもようやく統一政府が誕生した。故宮博物院の運営も軌道に乗り始めたかに見えた。那志良は「玉器」の担当となっていた。以来、那志良は玉器への研究を深め、後に専門家として多くの著作を残した。

一九三一年、中国で「九・一八事変」と呼ぶ事件（柳条湖事件）が起きた。

南満州鉄道の爆破によって口実を得た日本が、満州制圧へ踏み出した事件だが、那志良は「日本人の野心は、わが国の東北を得ただけで満足するはずがない。万が一北京や天津で戦争となれば、文物の安全について心配しないといけない。みんなの一致した意見では、我々はいざというときに危険な地域を離れ、安全な地域に移るための準備を早めに着手するべきだ」と書き残している。

それに先立つ一九三一年一月、那志良は故宮理事の陳垣に呼び出された。

当時、那志良は一等弁事員という職にあった。一級事務員という意味であろう。陳垣から「国家は滅んで再興できるが、文物は一度失われたら永遠に元には戻らない」という言葉を聞かされ、文物の疎開準備担当に任じられた。真っ先に取り組んだのは、文物の箱詰めである。

紫禁城の文物は外に運び出されたことは一度もないわけだから、箱詰めの専門家など故宮には一人もいない。最初は素人同然だった那志良たち故宮の職員は困り果てて、包装のこつを外部の骨董商のもとで働く職人たちから教えてもらうことにした。当時、北京では「瑠璃廠」という地域一帯に多くの骨董商が店を構えていて、彼らの知恵を借りようということになった。

最初は普通の引越しの荷作り程度に考えていた那志良ら故宮の人間たちも、職人たちからやり方を教わるにつれて、ただ事ではないことに気づいた。

あるとき、職人たちに那志良が「箱詰めもそれほど難しくないようだ」という感想を伝えると、職人たちは試しに那志良に茶碗を自分で包むように言った。那志良が包んだ茶碗を職人は蹴って転がして、包みを開けてみると、茶碗が割れていた。次に職人たちが包んだ茶碗は、同じように蹴って転がしても、割れていない。職人たちの作業に「秘技」が潜んでいたからだ。

那志良はその技を「穏」（慎重に）「準」（正確に）「緊」（しっかりと）「隔離」（お互いを離す）という四つの言葉で表している。

最も壊れやすい磁器の場合、最初に取っ手や口の部分にひも状によった綿を巻きつけ、内側にも綿をつめこんで、全体も綿で長方形にくるんでしまう。それを細紐でしばりあげてまた綿で覆って、紙で包み、紐でまた縛る。それを箱詰めする時、稲わらを使って木箱のなかに磁器を詰め込み、お互いの間に綿をぎっしり詰めてしまうことでそれぞれの磁器を分離してしまい、蓋をして運べばよい。かなり奥が深い技だった。

故宮の職員たちはやがて梱包については右に出る者がいないほどの専門家になった。なぜなら、その後も文物は中国各地を渡り歩き、そのたびに那志良ら職員は梱包作業を繰り返したからだ。

箱詰めされた文物は、一万九五五七箱に達した。故宮だけではなく、一緒に移送されることになった古物陳列所、清朝皇帝の離宮であった頤和園、元朝以来の図書館という伝統を誇る「国子監」からの文物も含まれている。内訳は一万三四九一箱が故宮からのもので、残り六〇六六箱は古物陳列所、頤和園、国子監からのものだった。

文物の南方移送が決まると、反対運動も起こった。

「文物あっての北京であり、文物がなくなれば北京の存在意義が失われる」という意見だった。那志良ら職員のもとには「お前が運搬係か。命に気を付けるんだな。文物を運ぶ列車に爆弾を仕掛けてやる」などといった過激な脅迫電話もかかってきた。

故宮の文物が北京から運び出されるときは日本軍が北京に侵入する時期である、という風に民衆は受け止め、故宮のまわりには昼夜を問わず、民衆が集まった。

移送の第一陣は一九三三年一月三一日に決まった。その日には故宮から北京駅に文物が送られたが、運搬の労働者が反対運動を恐れて現れず、夜中になって移送は中止された。数日遅れて、第一陣は二月六日に北京を発った。南に向かう那志良に、叔母が庭の土を「故郷の土を持っていれば、家族を忘れないですむ」と言って渡した。

文物移送用に、日本製の特別列車が用意され、他の列車ダイヤに優先して、冬の中国大陸を北京から鄭州、徐州と南下し、南京郊外の長江河岸近くにある浦口に至るルートを一日半かけて駆け抜けた。

移送と重なりあうように、中国情勢は重大な局面を迎えていた。

二月、国際連盟で満州問題の解決案を日本は拒否した。ほぼ同時に関東軍司令部は後の満州の一部となる熱河への攻略作戦を発動した。

第一陣の移送グループは浦口に留め置かれた。情勢の緊迫もあって指揮系統が混乱し、文物の保管場所の選定が終わっていなかった。那志良ら故宮職員と文物は列車内での長期待機を余儀なくされた。

「棺桶を担《かつ》いできたが、どこの墓場に埋めていいか分からないようなものだ」

そんな冗談で、那志良ら職員は気分を紛らわした。

その後、古物と図書は上海に送られ、文献は南京で保管することになった。上海では当初、フランス租界の元病院ビル内に保管所が用意された。ビルは七階建てですべて故宮のために使うことができた。文物の種類ごとに各病室に保管場所を分けた。

第二陣は三月一四日に北京を発った。三月二八日に第三陣、四月一九日に第四陣、五月一五日に第五陣と続いた。中華民族の生命とも言える文物をごっそり南方に運ぶという移送計画は大きなトラブルなく実行されていった。

大成功を収めた初の海外展

文物の南方移送は上海で落ち着いたはずだったが、今度は英国の展示会に運ぶという話が持ち上がった。故宮の文物にとっては初めての海外展である。

当時、欧州では清朝末期に流出した文物に刺激され、一大中国芸術ブームが起きていた。英国、フランス、北欧などに取引業者が店を構え、王室や貴族らは競って中国の陶磁器などを買い漁った。そんななか、コレクターたちの音頭で、ロンドンで中国芸術国際展覧会が開催されることになった。

ロンドンの駐英大使館に故宮の収蔵品の出品要請があり、国民政府のなかで議論となった。「世界に中国文化のすばらしさを宣伝するチャンスだ」として賛成する者もいれば、「海上での事故や海賊による略奪に遭った場合どうするのか」と心配して反対する者もいた。国民政府が英国から多額の借金をしていたことで、故宮の文物が差し押さえられるとの懸念も示された。

最終的には積極派が押し切り、英国の軍艦を輸送に使うこと、箱詰めや護送は故宮の専門家が行うことなどを条件に、英国側に承諾を伝えた。当時、保険会社のロイズに英国の主催者側が保険金額を打診したところ、「当社の能力を超える」として保険を引き受けなかったとの逸話も残っている。それだけに、軍船による運搬は英国側にとっても大歓迎で、英海軍巡洋艦サフォーク号が香港から上海に差し向けられることになった。軍船による文物の運搬という方式は、戦後、故宮の文物が台湾に移った後に行われた米国展の際にも実行されている。

この英国展は、準備委員会の両トップに英中それぞれの元首である英国王ジョージ五世と国民政府主席・林森が就任し、両国政府を巻き込んだ空前の国際展となった。理事長には日本の満州進出について国際連盟調査団長の任を終えたばかりのリットン卿が就いた。英国、フランス、ドイツ、米国など中国美術を収集していた国々からも出展が行われた。中国からは、故宮の七三五点に加えほかの博物館などからも選りすぐった合計一〇〇〇点余りが、一九三五年六月、英国に運ばれた。

那志良ら四人の故宮職員はサフォーク号には同乗せず、上海から客船で英国に向かった。シンガポール、セイロン、アレキサンドリアなどに寄港して観光を楽しみながら、一カ月ほどかけてロンドンにたどりついた。一一月から一四週間にわたって開催された故宮の英国展は大評判となり、成功に終わった。

大陸を西へ西へ

ロンドンから文物と一緒に中国に戻った那志良は、今度は文物を上海から南京に移送する作業に忙殺された。南京の明朝時代の宮殿「朝天宮」に、故宮博物院の南京分院を設けることになったからだった。朝天宮は、明代初頭に南京が首都に定められた時、文武官が皇帝に謁見する儀式を習うために設けられた場所だ。当時の中国としては最先端の鉄筋コンクリート三階建ての収蔵倉庫が完成し、換気や温度調節の設備もつけられ、爆弾の直撃に耐えられるような緊急避難用の地下倉庫まであった。故宮文物にふさわしい保管場所である。

一七〇〇キロの行程を経て北京を離れ、三年あまりを経過していた文物が、満を持して運び込まれたところで、中国全土を揺るがす大事件が起きた。

盧溝橋《ろこうきょう》事件である。一九三七年七月七日、北京郊外の盧溝橋で起きた日本軍と国民政府軍の衝突によって、日本との全面衝突を回避する道を探っていた国民政府も本格的な戦争への突入を覚悟するに至った。八月には第二次上海事変も発生。江南地帯は一気に情勢を緊迫させ、首都である南京も日本軍から攻撃を受ける危険が濃くなった。再度の移転である。北京から南に下ってきた文物は、今度は西に向かうことになった。「西遷」と呼ばれる段階で、主に三つのルートに分かれて運ばれた。

まず、かつて英国に運ばれた最上級の品々が入った八〇箱を、八月に湖南省長沙の湖南大学図書館に移送することになった。那志良らが長江を船でさかのぼって湖北省漢口（武漢）に到着し、そこからは陸路で長沙に入った。当時、南京から長沙に移されたのは政府の重要書類であり、国民政府は首都を南京から長沙に移転するつもりではないかとのうわさが流れたという。

その後も文物は大半が南京の倉庫に置かれていたが、戦況がいよいよ緊迫してくると、全文物の疎開命令が出された。長沙にいた那志良にも至急南京に戻るよう電報が届いた。

第一陣で長沙に送られた八〇箱に続き西に送られる文物は、大きく二つに分けられた。

第二陣は同年一二月上旬、水路で南京から漢口に運ばれた。漢口に到着した文物は九三三一箱。第三陣は陸路で西安の西にある陝西省宝鶏という土地に七二八八箱が運ばれた。南京の陥落が一二月一三日だったから、まさに間一髪のタイミングだった。漢口も宝鶏も、そこに運ばれる必然性があったわけではない。たまたま乗り込んだ船や列車の行く先がそこだったから、というきわどい状況だった。準備にあてる時間はほとんどなく、大量の文物を戦争中に疎開させるという作業は困難きわまりないものだった。

陸路の文物七二八八箱はいったん宝鶏に落ち着き、城隍廟《びょう》と関帝廟の二カ所に分けて安置された。どちらも地元の宗教施設で、地方都市にあっては道教・仏教の施設がその土地で最も豪華で堅牢だということは中国では珍しくない。

宝鶏の東に行くとすぐに大都市西安があり、いつ日本軍の攻撃目標になるか分からない。陸路の文物に付き添っていた那志良は文物の安全を心配し、西安からいっそう遠く離れた陝西省漢中の郊外にある宗栄鎮という土地に文物を移送することにした。

那志良は地元政府にかけあって戦時中ながらもどうにか運搬用のトラック二〇台ほどを調達し、宝鶏から宗栄鎮にピストン輸送を行った。しかし、季節は冬で天候は厳しく、大雪のために輸送隊の身動きが取れなくなることもしばしば起きた。山間を縫うように通っている道のため、人家も少なく、食糧も乏しく、道中で足が止まってしまうと死を覚悟しなければならないほどの厳しい運搬だった。そこまで苦労して運んだにもかかわらず、日本軍が西にじりじりと歩を進めると、文物もさらに西へ西へと追いやられていった。

長沙にあった八〇箱は貴州省の貴陽に運ばれ、さらに貴陽から約一〇〇キロ離れた安順の洞窟に運び込まれた。水路で漢口に運ばれた九三三一箱は四川省の重慶に行き、陸路の宝鶏の七二八八箱は漢中郊外を経て同じ四川省の成都に移された。漢口が日本に攻略され、重慶も危うくなってくると、重慶の文物はさらに西にある楽山に、成都の文物は峨眉に、それぞれさらに疎開させることになった。まさに疎開につぐ疎開である。忙しい避難作業は、日中戦争の急展開と軌を一にしていた。

重慶の文物は長江からさらに岷江という支流をさかのぼって楽山に向かった。これに対し、成都の文物は陸路で運ばれた。那志良は成都で輸送を指揮し、トラックの手配や文物の梱包であわただしい日々を送った。

このときも文物は「危機一髪だった」と那志良は回想している。

「成都の最後のトラックが出発した後、まもなく日本軍の軍機が飛んできて、飛行場を爆撃したのです。晴れた日で、編隊が空高く舞っていた」

成都から峨眉まで、直線距離で一五〇キロあまりもある。悪路であり、途中で文書を積んだトラックが小川に転落したこともあったが、幸い文書の破損はまぬがれた。途上で飢えにも悩まされたようで、那志良はこのときが最も過酷な道のりだったと語っている。

峨眉への輸送が一段落すると、那志良は重慶から楽山への運搬作業に回された。人使いが荒いと言うしかないが、そもそも故宮の専門職員で疎開に同行しているのは十数人にすぎない。文物の種類や梱包作業を熟知した者となると、さらに限られてくる。那志良ら職員は不眠不休の日々であった。

文物運搬の苦労は「特に食糧調達の困難にあった」と那志良は言う。

四川省では、米飯を求めれば砂や籾殻《もみがら》まじりの灰色のものが出てきた。マントウ（蒸しパン）を買うと、さらに黒っぽいものしかなく、「飲み込むのに本当に苦しんだ」という。

文物疎開の最終段階において、さらに危ない事態が那志良ら一行を襲ってきた。水路で運んでいた文物九三三一箱を楽山郊外の安谷郷に運ぶことになったが、川幅が狭く、木造の小舟に載せて岸から引き綱で引っ張って川をさかのぼるしかなくなった。那志良らを乗せた小舟が流れの急な場所にさしかかると、舟をつないでいた竹製のヒモがちぎれてしまい、舟は急流に巻き込まれて文物もろとも押し流されそうになった。幸い、舟は転覆せずに浅瀬に乗り上げ、人命や文物に被害はなかった。

困難きわまりない文物の運搬作業は、通常は文物への影響を避けるためにトラックは徐行運転を強いられ、一〇〇キロの行程を行くのにも半日や丸一日かかることもざらであった。道路の陥没や脱輪にも悩まされた。水路においても、小舟に分散して運ぶしかない危険な状況に何度も遭遇している。にもかかわらず、文物の破損、紛失は皆無に近かった。

北京を発つときは想像もしなかったような苦労をくぐり抜け、文物を守り抜いた那志良ら故宮職員たちはこの過程で一つの「信仰」を持つにいたった。

「文物有霊《ウェンウーユーリン》」。現在も故宮に語り継がれるこの言葉は、故宮職員らが国宝を守りながら危機をくぐり抜けるたびに、自然に口にするようになったものである。

文物の疎開は終了し、那志良は峨眉の保管場所で文物と共に七年間にわたって生活することになった。日本軍の攻撃も峨眉や楽山まで及ぶことはなく、那志良たちもしばし安寧の日々を送ることができた。そして、一九四五年、日本軍は降伏。一九四七年に文物は故宮博物院分院のある南京にすべて戻されたのである。

いまも続く南京と北京の「確執」

故宮文物流転の経路と時期について整理しておきたい。

一九三三年、日本との関係悪化を受けて、故宮博物院の文物は北京から鉄道で南京を経由し、上海に運ばれた。古物陳列所などの文物を足すと、その総数は一万九五五七箱に達した。

英国展に出品した優品を中心とする八〇箱は、一九三七年、日本軍が上海に接近するなか、湖北省漢口から湖南省長沙を経て、翌年、貴州省貴陽に疎開した。さらに一九三九年、貴陽郊外にある安順の洞窟に運び込まれた。戦火が安順にも近づいたため、一九四四年、一層奥地の四川省巴県に避難した。

残った文物のうち、九三三一箱は一九三七年に水路で長江をさかのぼり、いったんは四川省重慶に落ち着いたものの、一九三九年には再び水路で同じ四川省の楽山に運ばれた。

一方、陸路では七二八八箱が南京から徐州まで北上し、そこから西の陝西省宝鶏にたどり着いた。だが、ほとんど落ち着く間もなく、再び陸路で四川省峨眉に移った。

一九四五年の日本降伏によって、巴県、楽山、峨眉に疎開していた文物はいったん重慶に集積された。そこから水路で長江を一気に東に下って、一九四七年のうちに南京に戻った。

以上が、中国大陸における故宮流転の全経緯である。

ここで、文物の箱数をよく見てみると、八〇箱に、水陸両路で西方に運ばれた一万六六一九箱を加えると、一万六六九九箱にしかならない。南に送られた文物は一万九五五七箱あった。残りの二千八百余箱の文物はどうなったのだろうか。

実は、戦乱のなかで運び出す作業が間に合わず、南京の倉庫に残されたままになっていた。やがて、共産党政権下の中国で南京博物院が設立され、南京に残された文物は南京博物院が保管することになった。北京の故宮博物院は南京博物院に対して、「文物を返してほしい」と繰り返し求めてきたが、南京博物院側は文物を手放す気はなく、要請を拒み続けてきた。

南京博物院の元トップに南京で会うことができた。梁白泉。一九二八年に生まれ、一九五一年に南京博物院に入った。一九九八年に退職するまで南京博物院の研究員として過ごし、副院長、院長を歴任した。南京博物院の生き字引的な人物である。

梁白泉は、南京博物院の持っている故宮文物について「南京には確かに二千箱の文物が現在も置かれている。非常に複雑な経緯のある問題だ」と語った。

この文物の大半は陶磁器で、清朝と明朝の時代に製造されたものが中心だという。「所有権」は北京の故宮博物院にあり、「保管権」と「使用権」は南京側にある。そういう風に南京博物院では解釈した。要するに、理屈をこねてでも南京は北京に返したくなかったのだが、北京故宮はトップが変わるたびに、この南京に残された文物を取り戻そうと交渉に乗り出し、南京はそのたびにのらりくらりと要請を断り続けてきた。

一九九〇年代には当時、副総理を務めていた李嵐清が調停に乗り出すほど北京故宮との関係が悪化したという。梁白泉によれば、李嵐清が「もうよい。北京も騒ぐな。しばらくはこのままでよいではないか」と結論を下し、騒ぎが収まったという。

論理的には文物は北京に返されるべきだが、現在もこの約二〇〇〇箱の故宮文物は南京博物院に保管されている。南京博物院を訪れたときは、故宮文物のいくつかの作品が特に注釈もなく、しれっと展示されている情景を目撃した。中国社会のある種の柔軟性を見る思いである。

児島襄が著書『日中戦争』で「舞台回し」役として故宮の一職員である那志良を用いた理由が、文物流転の経緯を調べているうちに分かった気がした。

故宮の文物は、満州事変の発端となった柳条湖事件がなければ、南に運ばれることはなかった。故宮の文物は、日中両軍が上海で衝突した第二次上海事変がなければ、四川省など西へ運ばれることもなかった。そして、日本が降伏しなければ、南京に戻ることもなかった。その意味で、文物の流転は日中関係を抜きにして語ることはできない。それどころか、文物の流転は日本なくして起きることはなかった。文物の運命を日本人が変えたのである。

清朝が倒れ、皇帝のコレクションから博物館収蔵品に生まれ変わった文物だったが、戦乱によって大陸をさまよい、日本の敗戦によってようやく南京に戻された。何事もなければ文物の故郷にあたる首都北京の紫禁城に戻されるはずだった。

だが、時代がそれを許さなかった。国民党と共産党が大陸の覇権を競った「国共内戦」。中国人同士の戦いが始まったのである。そして、文物は海を渡った。

第四章　文物、台湾へ

「老故宮」のひとり、高仁俊

初夏のカリフォルニアの空は、絵の具を溶かし込んだように青く澄み切っている。目を落とすと、緑あふれるキャンパスが果てしなく広がっていた。米国シリコンバレーの中枢に位置するスタンフォード大学のキャンパスの美しさは全米でも三本の指に入るという。故宮の文物を台湾に導いた最高責任者である蔣介石が残した膨大な日記がここに眠っている。

蔣介石（時事通信）

蔣介石は、故宮の文物のことをどう考えていたのだろうか。その疑問は、故宮の問題を調べ始めたときから私の脳裏から離れない「難問」だった。

なぜ「難問」なのかといえば、故宮について蔣介石が限られた発言しか残しておらず、蔣介石の思惑、本音を推し量ることが容易ではないからである。

故宮の文物を台湾に運ぶ決定は、当時の中華民国総統である蔣介石が下した。しかし、蔣介石はその時点で文物の政治利用を考えていたのだろうか。あるいは、文物を人質に取って共産党との和平交渉に臨む計算をしていたのだろうか。中華民族のみならず人類の宝としての文物の価値をどのように考えていたのか。海難や共産党軍の攻撃で文物が海の底に沈んでしまうことを恐れてはいなかったのだろうか。

何より、文物によって自らの権力に正統性を見いだした歴代皇帝たちのように、蔣介石もまた、文物に対する強い愛情を抱いていたのだろうか。

台湾でいろいろ文献をさらってみたが、これといった手がかりは見つからなかった。

多くの専門家に尋ねてみても回答は得られなかった。二〇〇〇年から二〇〇四年まで台北故宮院長を務めた杜正勝にも聞いてみたが、「分からんのだよ、さっぱり。私も知りたかったから、院長になってから故宮にある資料をひっくり返して調べてみたが、どこにもないのだ」という返事だった。

見あたらない蔣介石の故宮への思い

日本で出版された『蔣介石秘録』(サンケイ新聞社)で、蔣介石は故宮文物の移送について次のように語っている。少し長くなるが、引用したい。

「日本の侵略にたいする準備は、軍事問題だけにとどまらなかった。

ぜひとも特筆しておきたいのは、中華文化の粋を集めた故宮の文物を戦火から守るためにこのとき南方へ護送したことである。

故宮の文物は、当時北平にあったが、日本軍の戦火が熱河から華北に及んだ場合、破壊、散逸のうき目にさらされる危険が大きかった。そのため、国民政府としては、早手まわしに、南方へ疎開させる方針をきめ、二月六日夜から、ひそかに故宮からの搬出作業を開始、南京の朝天宮山洞庫房へ運んだ。その量は二カ月で木箱にして一万個におよんだ。

この緊急措置は、じつに賢明であった。こののち、日中戦争によって、戦火が全土にひろがった際には、木箱に入れたまま四川省楽山、蛾眉などの安全地区に分散し、損傷を防ぐことができた。日中戦争が終わったあと、いったん南京へ戻されるが、間もなく共産軍との戦争が悪化するなかで、一九四八年末には台湾へ移送された。

故宮の文物に象徴される中華民族五千年の文化は、このようにして戦火を免れ、なおかつ、戦後の共産党の文化破壊の手をのがれて、われわれ中華民国に継承されているのである」

なんの思想も情熱も込められていない文章で、官僚の作文に等しい。この文章を蔣介石本人がしたためたとは思えない。それほど無機質で、たんたんと経緯を述べている故宮のパンフレットのような文章で、人類の文明史に残る文物の大移動をやってのけた男の情熱を推し量ることはとうてい無理である。

こうなったら、直接、蔣介石自身に聞くしかないわけだが、本人もすでにこの世にはなく、打つ手なしの状態に陥りかけた私のところに、「門外不出だった蔣介石日記の公開が始まった」というニュースが入ってきた。

蔣介石は、希代の日記マニアだった。

一九一七年に日記をつけはじめたときは三〇歳。日本への留学を経て、青年軍人の道を歩み始めたばかりで、文武両道を目指して理想の指導者となる夢を持っていた。蒋介石は日記をつけることを指導者の修養と位置づけて始めたようである。

日記は、タテ書きのノートに一日につき一ページ、墨を使い毛筆で書いた。時には余白にまでびっしり書き込むこともあった。週末や月末には、反省録や翌週、翌月の目標を書き込んだ。

蒋介石の字は悪筆で、確かに読みにくい。ただ、状況が安定しているときや、気分がいいときには、筆跡は比較的整ったものになっている。逆に戦況が不利になったり、政敵に追いつめられたりすると、途端に筆の動きは荒っぽくなった。読み取れない字も多くなり、読むのにやたらに時間がかかって呻吟させられた。

蒋介石は一九七二年に交通事故に遭って総統の執務そのものが困難に陥ってから一九七五年の死去までは日記を書けなかった。しかし、一九一七年から一九七二年までの五五年間は、その間に北伐から日中戦争、国共内戦など、いかなる非日常的な緊迫状況におかれても、日記を書き残し続けた。驚くほど、ねばり強い精神の持ち主だと言っていい。

蒋介石を長い間、最高指導者ならしめた最大の能力は、このねばり強さにあると私は思っている。一九四九年に中国大陸を失ったとき、蒋介石はぼろぼろの状態だった。しかし、あきらめず、再起を求める意思の力があったからこそ、台湾での態勢立て直しに成功したのだ。政敵を追放して党内をがっちり掌握し、台湾経済の力をつけ、反国民党の動きには苛烈な弾圧で対処した。中国を共産党から取り戻すことは成らなかったものの、開発独裁型の安定政権下で台湾をアジアの四小龍と呼ばれるまでに育て上げたことは評価されていい。

そんな蔣介石の日記を自分で読んでみることにした。

日記は、スタンフォード大学のフーバー研究所に保管されている。フーバー研究所は、中国近代史の史料研究で定評のある研究機関であり、宋子文ら中国近代の各指導者の日記を保管している。台湾・民進党政権の誕生で日記の保全を心配した蔣家が、二〇〇四年にフーバー研究所に五〇年間の管理と一般公開を委託していた。

民主化が実現した台湾で、日記の安全をなぜ蔣家が心配するのか外部の人間にはやや理解しがたいところではあるが、一〇年ほど前までは小さな野党に過ぎなかった民進党の政権奪取を、伝統的な国民党指導層は巨大な衝撃をもって受け止めた。陳水扁総統が蔣介石を「殺人魔神」などと攻撃する言動を見せていたことも、蔣家をおびえさせる一因となった。

フーバー研究所はマイクロフィルム化した日記の公開を段階的に進め、二〇〇七年に一九四五年分までの公開を終えていた。二〇〇八年七月、一九四六年から一九五五年までが公開されることになった。その時期はまさに蔣介石が台湾への撤退を決意し、実行に移した時期にあたる。なにかしらの言及があっていいはずだと踏んだわけである。

日記に対する研究所の管理は極めて厳格で、パソコンの持ち込み、撮影、コピーは一切禁止され、手書きで写すことしかできない。二週間にわたって研究所の資料室にこもり、公開された一〇年間の日記を読みこんだ。特に故宮の台湾移転を決断した一九四八年末ごろの時期、蔣介石はまさに危急存亡の秋《とき》にあった。そんななかで、日記には蔣介石が黄金を台湾に運ぶためにあらゆる手段を尽くした様子が自らの筆で克明に描かれていた。一方、故宮についての言及はほとんど発見できず、期待は裏切られてしまった。

故宮に対する蔣介石の言及の少なさについて疑念を抱くのは私だけではない。文化論が専門の拓殖大学・井尻千男教授も、故宮の台湾移転を芸術と政治の観点から取り上げた雑誌の論考で「蔣介石という人間が権力の正統性について思索し、ときに悩んだと思われる形跡がない。(中略)蔣介石は自分が深くかかわった故宮文物の台湾脱出行という歴史的事業の意義すらほとんど語っていない」と指摘し、蔣介石を「政治哲学の貧困は歴然としている」と批判している。

二〇一一年元旦に私は再度フーバー研究所を訪れる機会があったので、一九六五年の台北故宮の設立前後の日記にもざっと目を通してみたが、やはりこれといった記述を見付けることはできなかった。しかし、故宮文物の台湾移転という文化史に残る事業を実行に移した指導者の哲学が「貧困」であるとは信じられない思いが残った。

国共内戦で暗転した文物の運命

蔣介石の心理が容易に浮かび上がらないとすれば、まずは故宮の台湾移転はどのようなプロセスで決まったのかを丁寧に見ていくしかない。

故宮の文物としてひとくくりに表現されることが多い文物の台湾移送だが、実際には、国立故宮博物院、国立中央博物院、中央研究院歴史語言研究所、中央図書館など、複数の研究・保存施設の重要な収蔵品も含めて行われており、その意味では故宮という単一の文化施設を飛び越えた中国全体の文物大移転ということもできる。

一九四五年の日本の降伏後、四川省などに疎開していた故宮の文物も、一九四七年中にようやく南京に戻されたが、北京への「里帰り」が計画される前に、次なる「流転」をうながす歴史の足音が近づき始めていた。

日本が去った後に始まった国共内戦。民族主義を唱えた孫文を崇拝する両党が、中華民族同士で殺し合いを始めたのだから、皮肉きわまりない話である。張学良将軍が蔣介石を監禁し、周恩来と謀って蔣介石に共産党への攻撃をやめさせた一九三六年の西安事件から国共合作が始まった。だが、結局は相容れない二つの存在が、どちらかの消滅を前提として一九四六年に戦いの火ぶたを切った。

一九四七年ごろまでは米国の援助で提供された近代兵器を有する国民党が優勢だった。しかし、一九四八年に入ると、毛沢東の率いる共産党が盛り返して東北地方を奪い返し、一気に有利な立場に立った。国民党の背後にいた米国は国共内戦に中立的な立場を取るようになって蔣介石と距離を置き始めた。一方、共産党はソ連から資金と武器の援助を受け続けたことも、両者の明暗をわけた大きな要因となった。

一九四八年秋、天下分け目の激戦となった淮海《わいかい》戦役で国民党軍は大敗北を喫した。長江以北の共産党支配が決定的となり、南京、上海の命運も風前の灯火となった。故宮の文物を南京にそのまま置いてはおけない。そんな議論が、国民党政権の間に広がった。

故宮の正史を記した『故宮七十星霜』によれば、「故宮の理事は、文物の安全を図るため、ひんぱんに疎開のための討議を重ねたが、何処に遷すのが最上の策か、なかなか結論がでなかった」とある。最初から台湾ありきではなかった。

当時、南京からどこかの遠隔地に故宮の文物を避難させることについて、反対していた有力者がいた。故宮の理事長であり、行政院長（首相）も兼ねていた翁文灝《ウェンウェンハオ》だった。翁文灝は反対の理由として、その時点では国民党と共産党の和解協議が進んでいるので、もし文物が移転してしまえば、民衆の心理に悪影響を及ぼし、和解協議にも響くと主張した。

これに対し、故宮の文物の安全に重きを置く文教官僚や故宮のプロパーたちは、万が一のことを考え、早急な移転の実行を主張していた。

当時の中央図書館館長で、後に初代の台北故宮院長となる蔣復璁《チアンフーツォン》は回顧録でこんなエピソードを記している。

ある時、蔣復璁が教育部に行き、教育部の田培林次長に移転についての考えをただした。

「中央図書館は重慶に倉庫がある。重慶に行けばいい」

こう主張した田培林に対し、蔣復璁は反論した。

「私の考えは君と違う。共産党は山岳地帯から生まれた。彼らは山岳地帯の状況に我々より詳しい。日本の機械化部隊と山岳地帯で相対する作戦は正しかったが、共産党と対決するのに山岳地帯に行けば袋の中のネズミになってしまう」

その後、蔣復璁はもう一人の教育部次長、杭立武《ハンリーウー》に「台湾」への移転のアイデアを伝えた。杭立武もはっきりと同意した、と蔣復璁は記している。そうなると、蔣復璁が台湾移転の発案者ということになる。

だが、実際は、そう単純な話ではなかったようだ。

蔣介石とその周辺では、当時、国民党軍の内部は腐敗がはびこり、士気があがらず、内戦の結末が悲惨なものになるという予測がすでに固まっていた。故宮関係者が慌て始めるころには当然、どこに撤退するか頭を悩ましていたと見られる。

蔣介石は日記にも記しているが、この頃、日々敗北の予感にさいなまれ、撤退先をどうするかに最も心を砕いていた。抗日戦争のときのように四川省や雲南省など大陸奥深くに相手を引きずり込むか、それとも海によって中国大陸と距離を置くことができ、防衛に有利な島、例えば台湾や海南島に渡ってしまうか。一九四八年秋以降、幕僚らと議論し、故宮移転が決まるころには台湾を撤退先に選ぶことをほぼ決意していたと私は見ている。

なぜなら、故宮の文物を台湾に移す前に国民党側は空軍など重要な部隊の台湾移転を始めていた。文物の台湾への移送も、蔣復璁というより蔣介石自身の意思だったと言ってもいいはずである。

文物の避難を求める声は強まる一方で、移転反対派の翁文灝も南京にあった国民政府行政院長の官邸で協議を開くことに同意した。

一九四八年一一月一〇日、運命の協議は開催された。

会議には八人が参加した。招集人である翁文灝、教育部次長の杭立武、中央研究院歴史語言研究所の傅斯年《ふしねん》、教育部長の朱家驊《しゅかか》、外交部長の王世杰《おうせいけつ》、蔣復璁などである。会議の進行は杭立武がリードした。

非公式だが、故宮文物の運命を左右する重要な会議であり、場は緊張に包まれた。長い議論の末、故宮の文物のうち、選りすぐった六〇〇箱を台湾に向けて出発させること、杭立武をその総責任者とすることを決めたのである。翁文灝は賛成しなかったが、彼以外の出席者は全員が賛成に回ったと当時の資料は伝えている。決定を蔣介石も認め、台湾移転が正式に決定された。

蔣介石は、戦況悪化の責任を取って、この会議から二カ月後の一九四九年一月、総統を辞任した。国共和解を主張し、蔣介石とはそりが合わなかったライバルの李宗仁《りそうじん》副総統に代理総統として最後の国共協議をゆだねた形となった。もし、故宮の移転決定が数カ月遅れていれば、故宮の文物はこれほどスムーズに台湾に運ばれることはなかっただろう。李宗仁は故宮の台湾移転に反対の立場だったからだ。

文物と共に海を渡った人々

移転が決まり、文物は早急に台湾に運ばれることになった。戦火は迫っている。文物移転の責任者となったのは杭立武だった。杭立武は部下を台湾に派遣して受け入れ態勢を固めさせる一方で、安全を期すために軍船による運搬を目指して海軍と交渉に入り、軍船の提供を同意させた。

海軍の中鼎号が調達され、一九四八年一二月、南京の下関港に入港した。

文物の台湾移送は極秘裏に進められたはずだが、国民党の情報管制が緩んでいたのか、下関港は台湾に一緒に逃れようという群集でごった返した。中鼎号に勝手に乗り込み、甲板に布団を敷いてテコでも動かない。みんな命がかかっているわけで必死である。

杭立武は、現地でこの情勢を目の当たりにし、文官である自分には対応ができないと判断。海軍司令部の参謀長に助けをこう電話をかけた。この参謀長と杭立武は共に英国に留学した同級生だった。参謀長の連絡で、海軍総司令の桂永清が下関港に駆けつけた。

桂永清は「国宝を台湾に運ぶための船である。みなさんの船は別途必ず用意する」と述べて説得にあたり、民衆を船から降ろすことに成功した。文物は一九四八年一二月二二日、下関港を後にした。

積まれた文物は、故宮博物院から三二〇箱（三四〇九件）、中央博物院から二一二箱、中央図書館から六〇箱、中央研究院から一二〇箱、外交部の重要文書六〇箱。合計七七二箱だった。故宮は最初に最も重要な品々を避難させたので、故宮を代表する国宝クラスの逸品が中心だった。英国展に出品されたものが多く、あちこちへの移転を経て木箱もかなり傷んでいたため、故宮や中央博物院などそれぞれの箱の修理費が事前支給された。

外交部の重要文書六〇箱の中には、清朝がアヘン戦争で英国に敗れ、香港割譲などを約束させられた歴史的な南京条約の原文も入っていた。こうした貴重な外交文書はいまも台湾の中央研究院に保管されている。

この中鼎号に乗っていた人物に、台湾で会うことができた。

中鼎号に乗って台湾に渡った荘霊

荘霊《チョワンリン》。写真家で、台北郊外の関渡という住宅地に暮らしている。父親は荘尚厳。一九二四年に北京大学を卒業し、清室善後委員会に就職。翌年の故宮博物院誕生から故宮と共に生きた人物で、故宮の文物の南方・西方疎開の際も常に文物と行動を共にした。文物と一緒に台湾に渡った学芸員らを「老故宮《ラオグーコン》」と呼ぶが、荘尚厳は、台湾移送後も、一九六九年に故宮の副院長として退くまで故宮を見守り続けた正真正銘の「老故宮」である。

荘霊の出生は故宮と深い縁があった。一九三八年に中国の西部にある都市・貴陽郊外の安順で生まれた。安順の洞窟には英国展に運ばれた精品八〇箱が保管されており、荘尚厳の家族もそこに身を置いていたからだ。その後、文物は四川に運ばれた。このときわずか五歳だった荘霊だが、軍の車両に乗せられて文物と一緒に安順から引っ越しした記憶が残っている。

私も一度、安順を訪れたことがある。洞窟はいま、華厳寺という仏教寺院の中にあり、寺院の関係者に頼んで中に入れてもらった。洞窟は入り口から急に落ち込んだ形状になっており、薄暗い階段を五〇段ほど下りると、小学校の教室ぐらいの空間があった。ここなら空襲を受けても安全だっただろう。湿度が高そうだが、八〇箱は主に陶磁器や玉器だったので、問題はなかったそうだ。

案内をしてくれた寺院の近くに住むおじいさんは「ここに国宝があったんだ。私も子供だったが、父親が村の顔役で、一度だけ入れてもらった。兵隊さんが洞窟の入り口で寝ずの番で守っていたんだよ」と懐かしそうに話してくれた。

故宮問題を取材していると、荘霊のような人物に時々巡り会う。

中国大陸から台湾に一九四九年前後に渡った人々は台湾で「外省人」と呼ばれる。それは昔台湾が中国の一部の「台湾省」であった頃につけられた呼称で、省の外から来た人々という意味だ。これに対して、台湾生まれの人々は「本省人」と呼ぶ。一九四九年の前後、中国大陸から台湾に二〇〇万人の外省人が渡ったとされる。当時の台湾の人口は七〇〇万人ほど。一つの地域に、四分の一以上の人口にあたる「よそ者」が鉄砲水のように流れ込んできたことになる。台湾社会が受けた衝撃の大きさは計り知れない。

外省人は、政治、軍事、経済の要職を独占する支配階級となり、台湾社会に君臨する形となった。外省人統治に対する本省人の反発は一九四七年の二・二八事件などの悲劇的な民衆弾圧の事件の引き金となった。台湾では本省人と外省人の対立を「省籍矛盾」と呼び、いまなお解決されていない社会問題になっている。

荘霊のように故宮の文物と台湾に渡った人々も全員が外省人である。彼らに取材するたびに一様に受ける印象は、本省人の人々とどこか違う、ということだ。教養があり、優秀さを漂わせ、経済的にも恵まれている。しかし、どこか粘着質で、自分と他人との間になにか見えない壁のようなものをつくっている。本省人の民衆のような人なつっこさ、無防備さ、海洋民族的なおおらかさとは異質なものを感じる。

外省人は戦後の台湾社会のなかで様々な意味で特別な地位にあった。特権階級の外省人もいたが、低い給与の公務員、軍人も多かった。故宮職員はあくまで公務員の一員であり、公務員住宅などの福利厚生を除けば、待遇的には飛び抜けて良いわけではない。ただ、「台湾」という体臭を感じさせない人々であり、荘霊もそうした感覚を私に与えた。

民進党の人々は故宮改革を進めるなかで「故宮は台湾社会に溶け込んでいない」と指摘していた。このような認識は故宮に関わる外省人たちにとってフェアさに欠けるかも知れない。彼らに罪があるわけではない。ただ、台湾社会にどっぷりつかることは、文化的にも生活習慣的にも難しい部分があったのは間違いない。

少年の荘霊を含めた一家は文物移送の第一陣に乗り込んだ。両親と三人の兄、そして末っ子の荘霊がいた。南京で飼っていた犬も連れていた。荘霊ら子供たちが両親にせがんだからだった。父親は「台湾に行くことになった」と家族に伝えるだけで、詳しくは説明しなかった。家族にとっては、北京から上海、南京、貴州、四川、そして再び南京と続けてきた旅がまた始まるという程度の認識だったようで、「母親もてきぱきと荷造りしていた。ああまたどこかに行くのかという感覚だった」という。故宮の文物につきそう人々にとって、移動はすでに一五年以上も続いている「日常」となっていた。

これまでと違ったのは、中国大陸から離れることだった。子供の荘霊には、中国大陸の広さも、台湾への撤退の意味＝大陸の喪失も理解することは難しかった。また、大人たちも数カ月、長くとも数年のうちに中国大陸に戻ると信じていた。

文物はすべて木箱に詰められ、縄で固定し、湿気を遮断するために油布がかぶせられた。船内には船室などという立派な居住空間があるわけではなく、荘霊たちは昼間には船の甲板から海を眺め、夜には文物が詰まった木箱の上で眠った。冬の台湾海峡は普通、夏や春よりもずっと波が荒い。中鼎号の航海中は天気が悪く、船はよく揺れた。船上生活に慣れていない内陸部の出身者が多く、あっという間に「吐けるものがなくなるほど」のひどい船酔いになった。

昼間は揺れて船酔いしているだけだが、夜になると、周囲は漆黒の闇に包まれ、船上の人々に強い不安が広がった。木箱をくくっていた縄が、船が左右に揺れるたびに大きくきしんだ音を立てて、睡眠を妨害した。

船長は当時、海軍司令から頼まれて大型犬を船に乗せていたのだが、この犬も船に慣れていないため、「一晩中、大きな声でほえていて本当にうるさかった」という。荘霊の母は台湾到着後に体調を崩してしまった。船は四泊五日の旅を経て、台湾北部の港、基隆に到着した。

父親はその航海の前に一度だけ台湾に行ったことがあり、大量の干しエビをお土産に持ってきた。

「海産物の豊かなところ」

それが荘一家の台湾に対する印象だった。

荘霊は言う。

「いまから振りかえれば、私たちは政治難民だった。しかし、当時は台湾にはちょっと行くだけだろうとしか考えておらず、もちろん自分たちが難民だとは思っていなかった。ただ、父親だけは情勢を理解していただろうし、覚悟はあったと思う。母親には共産党とは一緒になりたくない、という話をしていたと後から母親に教えてもらった」

父親は到着後さっそく文物の保管場所を探すことに奔走し、鉄道局にかけあって、現在の国際空港がある桃園県の楊梅という土地の倉庫を借りることができた。家族も楊梅に移り住んだが、倉庫のなかで文物と一緒に眠る生活が一〇日間ほど続いた。季節は冬で、南方の台湾とはいえ、朝晩は冷える。朝から炭をおこして倉庫の空気を暖め、食事は米国からの援助品である缶詰を食べてしのいだ。ランチョンミートなどの缶詰は「食べたことのない美味しさ」であったことが荘霊の記憶には鮮烈に残っている。

台湾では米国による援助を「美援」と呼ぶ。米国を美国と呼ぶからで、発音すれば「メイ・ユエン」となる。取材していて最初は聞き取れずに意味を教えてもらった。「メイ・ユエン」という言葉の響きには、なんとなく日本人がGHQ（連合国軍最高司令官総司令部）のチョコレートに抱くのと似たような感慨を台湾の人々に思い起こさせる部分があるのだろう。

第二陣には世界最大の書物「四庫全書」も

台湾移送の第二陣にも軍船があてられる予定だったが、戦局の悪化で海軍が軍船を手配できなかったため、商船を借り切って運ぶことになった。「海滬号」という船舶を借りたが、南京に船が入ってくるまで時間がかかり、関係者を焦らせた。

年が明けた一九四九年一月三日、海滬号は南京・下関港にようやく入港し、四日から文物の搬入が始まった。故宮博物院から一六八〇箱、中央博物院から四八六箱、中央図書館から四六二箱、中央研究院から八五六箱、北平図書館から一八箱、合計三五〇二箱が運ばれた。計三回の文物移送のなかでは、最大規模になるものだった。

このとき運ばれた文物の中には清朝の乾隆帝が中国中の書物を集めて編纂《へんさん》した「四庫全書」も含まれていた。四庫全書は、乾隆帝の勅命によって中国から清朝統治に不利な書籍以外のすべてを集約するために編纂された中国最大、そして、世界最大とも言われる叢書《そうしょ》だ。四〇〇〇人の学者を動員し、四〇〇〇人が筆写に加わったとされる。目録だけで二〇〇冊あり、本体は計三六〇〇〇冊、一〇億字という怪物的な書籍である。

歴史をだれが所有するのか、という命題は、常に中国史において注目すべき点である。歴史は勝者のものであるが、次の勝者がまた新しい歴史に書き換えてしまう。それでも司馬遷の「史記」のような優れた歴史書が残っているのも、また中国の懐の深さだと思う。

四庫全書は七冊の正本と一冊の副本が製作され、中国各地に保管された。中国の歴史は、文字によって伝えられてきた。文字こそ中華文明を最も体現するものだという考え方が中国人にはある。文字記録の集大成である四庫全書の命運もまた、中国近代史とともに悲運に巻き込まれた。

正本はそれぞれ書庫の名称で呼ばれていた。北京・紫禁城の「文淵閣版」、円明園の「文源閣版」、避暑地である熱河離宮の「文津閣版」、清朝の古里である瀋陽離宮の「文溯閣版」、鎮江の「文宗閣版」、揚州の「文匯閣版」、南方文化の中心、杭州の「文瀾閣版」があった。

このうち、文源閣版は一八六〇年の英仏連合軍による攻撃で円明園とともに焼失した。鎮江の文宗閣版はアヘン戦争で一部損壊し、太平天国の乱で一八五三年に完全に失われた。文匯閣版も一八五四年に破壊され、文瀾閣版は一部損壊した。残りの三部は完全な形で残っており、北京図書館に文津閣版が、甘粛省図書館に文溯閣版がそれぞれ所蔵されている。そして、台北故宮に、この当時、船で運ばれた文淵閣版が残されている。

この第二便に乗った人物にも台北で会った。

故宮職員の高仁俊《カオレンチュン》。故宮の台湾移転に立ち会った数少ない生き残りとしてメディアの取材にしばしば登場している。取材した二〇〇九年には八七歳という高齢でとうの昔に退職していたが、ほぼ毎週のように故宮に顔を出し、昔からの同僚とタバコを吸いながら雑談に興じている。いかにも故宮に寄り添った人生を送ってきた人らしい老後という感じだ。

四川省出身の高仁俊はもともと中央博物院に就職し、文物と一緒に台湾に渡った。多くの故宮職員がそうであるように、「半年で帰れるはず」と思っていたが、そうはならなかった。

「残りの人生を台湾で送るなんて、台湾に渡った後も一〇年ぐらいは考えたこともなかった。いずれ文物と一緒に中国に戻るって故宮の職員たちは全員、信じていた」

第三次の文物運搬は一九四九年一月下旬に計画されたが、下関港の港湾労働者たちは旧正月の休暇を理由に国宝の積み込みを嫌がった。特別ボーナスを払うことでようやく港湾労働者たちは

同意したというから面白い。今度は崑崙号という船だった。再び、台湾行きの船便の出発を聞きつけた民衆が港に押しかけた。今度は断り切れず、多数の民衆が船倉に詰め込まれた。さらに、船にはすでに政府関係の物資も詰め込まれており、運び込む予定だった文物二〇〇〇箱はとても入りきらない状態に追い込まれた。甲板、食堂などにも積み込み、結果として故宮博物院九七二箱、中央博物院一五〇箱、中央図書館一二二箱の計一二四四箱という、予定の六割ほどしか運び込むことができなかった。

一九四九年一月三〇日に出航した崑崙号は悪天候に苦しみ、中国南部の広州に寄り道して修理を行うなどのトラブルに見舞われ、三日間の予定が二〇日以上を費やして基隆港に到着した。

この船には、那志良も乗っていた。那志良らが港に着いて上陸を待つあいだに、バナナ売りの小舟がたくさん寄ってきた。バナナの値段は中国で買うよりはるかに安く、中国のお金も受けとってくれたので船上の人々は争ってバナナを買った。

基隆港は三方を山に囲まれた天然の良港で、晴れた日には山の緑と海の青さが眼前に広がり、素晴らしい姿を見せてくれる。私も何度も取材で訪れたが、台湾では一番美しい港である。中国から文物とともに来た人々にとって、基隆港の美しさと安くて美味しいバナナは、いくらか未知の土地と生活への不安を和らげたかも知れない。

「台湾は貧しくて、バナナの皮しか食べられないと聞いていたのに、どういうことだ」

那志良は回顧録にそう書いた。

「造反者」か英雄か

もとより台湾への輸送は七便に分けて行う予定だったと言われるが、三便で終わった。国民党政権にとって戦局の悪化が急激に進み、一九四九年春になると戦線は総崩れ状態となり、文物の運搬どころではなくなったからだ。

この時期になると、故宮内部にも「造反者」が現れた。故宮院長であった馬衡という人物である。北京にいた馬衡に対し、杭立武らは電報で南京に来るように指示し、同時に、北京に残っていた文物の逸品を選び出し、台湾移送のために南京に空輸するように求めた。だが、馬衡は自分が狭心症を患っているとして言を左右にして南京に行くことを望まず、逸品の目録を作成して南京の行政院に送ってはみたものの、職員に対しては安全が第一で箱詰めは急がなくてもいいと伝えていた。

また、馬衡は、第一回の文物運搬に際し、北京大学教授時代の教え子でもあった荘尚厳が護送すると知るや、荘尚厳に手紙を送って「引き受けるな。さもなければ絶交する」と書いている。北京の戦闘が激しくなってきた一九四八年末には故宮につながるすべての門を閉じ、箱に詰めていた逸品も外に出すことはなかった。

馬衡自身も健康が回復しないとの理由で南京入りから逃れ続け、一九四九年一月に北京は共産党軍の手に落ちた。

国民党政権側から見ると、馬衡の行為は裏切りであり、『故宮七十星霜』は「荘尚厳を脅迫した」「運搬を消極的に妨害した」などと厳しい筆致で馬衡を批判している。

だが、中国共産党からすれば馬衡は英雄的行為で文物を蒋介石の魔の手から救い出したということになる。

北京故宮自身が出版した『故宮博物院八十年』という故宮の歴史を歴年の出来事を並べて紹介した本は、馬衡について「文物の安全をいいわけに時間を引き延ばし、巧妙かつ断固として国民党政府の文物の南京運搬の指示に抵抗し、北京故宮の文物の台湾運搬を挫折させた」と称賛している。歴史の評価は、立場を変えれば真逆になるのである。

文物を「守った」という功績が評価されたのであろう、馬衡は新中国の成立後も一九五四年まで北京故宮院長の地位にあり、翌一九五五年に他界した。

台湾に三回の航海で運ばれた故宮の文物は計二九七二箱。内訳は、陶磁器や書画などの文物が一四三四箱、図書が一三三四箱、宮中文書などの档案《ダンアン》（保存文書）が二〇四箱だった。北京から運び出された時に比べ、約二割ほどに減っていたが、那志良らプロの目が選りすぐった品々がそろっていた。

台湾移送から六〇年以上が過ぎた今も、海を渡った文物は中国大陸の地を踏んでいない。そんな運命を想像できた人間は当時、一人としていなかっただろう。

船の三便以外にも台湾に運ばれた文物があった。文物の台湾移転のストーリーを締めくくるにあたり、このエピソードを紹介しておきたい。

張大千《チャンダーチエン》という著名な画家がいた。一八九九年に四川省で生まれ、戦後は台湾に渡って活躍した。中国画が本業だが、日本の京都で染め付けを学んだこともある多才な人間で、極めて精巧な贋作を描くことでも有名だった。中国絵画界の異端児だったが、才能は高く評価されていた。

一九四〇年からは敦煌壁画を三年間にわたって模写し続けて、敦煌壁画の決定版とも言える作品を発表していた。

故宮文物の台湾移送という難事業を完成させ、教育部次長から教育部長に昇進していた杭立武は、一九四九年一二月、四川省成都の飛行場から、国民党政権のまさに最後の一機となる輸送機で、台湾に向かおうとしていた。総統の蔣介石、総統夫人の宋美齢らはすでに台湾に渡っていた。この飛行機には杭立武のほかに、閻錫山《えんしゃくざん》行政院長や陳立夫《ちんりっぷ》政務委員ら大物が乗っており、いざ離陸というときに、張大千が車で空港に飛び込んできた。

張大千は敦煌壁画の絵画数百枚を抱えていた。この壁画の絵画の価値を張大千は力説し、台湾に運んで国家の貴重な文物として保存してほしいと頼み込んだ。

輸送機は搭乗する人間たちの荷物で満載となり、パイロットは張大千の絵画を積む余地はないと訴えた。悩む時間はない。張大千の勢いにおされ、杭立武は自らの大型トランク三つを捨てていくことを決めた。どれほど大事なものをトランクに入れていたのだろうか。杭立武は一切、証言を残していない。杭立武はトランクを捨てる代わりに張大千に条件を出した。

「絵画はすべて台湾についたあとは政府に寄贈すること」

張大千は応じ、名刺にその旨を書いて、約束の証明とした。張大千はその後香港に移住し、欧米でも活躍したあと、一九七八年に台湾に定住。一九八三年に没した。張大千がトランク三つのかわりに台湾に持ち込んだ敦煌絵画は今、台北故宮に収蔵されている。

膨大な文物が台湾に運ばれ、中国語で「一甲子」と呼ぶ六〇年が過ぎた今もなお文物は台湾に置かれている。国民党が大陸反攻に失敗し、共産党の中国も台湾統一を成し遂げられなかったからだ。そして、故宮博物院が中国と台湾の両方に誕生した。

第五章　ふたつの故宮の始まり

荒れ地となった北溝倉庫の跡

気温三〇度を超える中国の古都・南京で、噴き出す汗をぬぐいながら、私はまるで台北故宮にいるような感覚に戸惑っていた。

二〇〇八年五月二七日。中国革命の父である孫文の陵墓、中山陵。

「中山」は孫文の別名である孫中山から取ったものだ。中華世界では孫文より孫中山のほうが通りがよい。中国・広東省にある中山大学は孫文にちなんだものだし、台湾のほとんどすべての町にある「中山路」というストリートの名称も同様に孫中山にちなんでいる。中国人の名前というのはなかなかやっかいで、孫文の名前も、号は「中山」、字《あざな》は「逸仙」という。日本では「文」をよく使っていたので、いつしか孫文で知られるようになった。

欧米では主に孫逸仙(Sun Yat-sen)と呼ばれている。孫文は清朝から命を狙われる革命家だったので、ほかにも名前をいろいろ使い分けていた。

中山陵で私の数メートル前を、台湾の呉伯雄国民党主席が大勢の取り巻きを引き連れ、太り気味の体を揺らしながらゆっくりと歩いている。

呉伯雄は心臓に問題を抱えている。小高い山に建造された、三九二段もの階段がある中山陵の訪問を心配する向きは多かった。しかし、数日前に起きた国民党の八年ぶりの政権復帰が、自らの選挙指揮のもとで実現しただけに、呉伯雄の機嫌はすこぶるよく、登山にも近い中山陵訪問を実行に移した。

政権交代直後の呉伯雄の訪中は、民進党前政権時代に冷え込んだ中台関係の変化を予感させた。私を含めた多くの在台湾メディアが同行していた。

孫文は、政治的体制を異にする中国と台湾が無理なく歴史的な評価を共有できる数少ない人物の一人である。国民党への政権交代後、台湾の有力者の最初の訪中先として中山陵のある南京が選ばれたのも、偶然ではなかった。

ただ、私の関心はこうした政治的パフォーマンス以外にもあった。私は頭の中で、台北故宮と南京の中山陵との間の「建築上の類似性」を教えてくれた台湾の学者、蔣伯欣の言葉を思い起こしていた。

なぜ「中山博物院」なのか

台湾の若手学者である蔣伯欣は芸術史を専門とし、台南芸術大学で助教授を務めている。故宮の政治的役割を調べていた私には蔣伯欣が書いた論文「『国宝』之旅」（林伯欣の名で発表）が大変興味深く感じられ、台南まで会いに行った。

論文は、清朝の収蔵品であった故宮の文物が中国の近代史のなかで政治によって「国宝」として定義されていくプロセスを調べ、台北故宮においても、その設計やデザイン、名称などに孫文という中国革命の象徴的人物を投影していることを検証したものだった。蔣伯欣と詳しく話をするなかで、中山陵と台北故宮が外観上、酷似していることを教わった。

蔣伯欣は蔣渭水という人物の曾孫にあたる。蔣渭水は日本統治時代の台湾で台湾人の権利向上を目指す社会運動を指導した人物の一人として広く尊敬されていた。馬英九総統も私淑しているとされ、蔣渭水の慰霊祭に毎年のように出席している。

台北故宮を訪れたことがある方なら思い浮かぶであろう。博物館に到着すると、入り口には「牌楼」と呼ばれる白いゲートが屹立し、その先はしばらく回廊が続く。参観者は前方にそびえる本館を仰ぎ見ながら歩みを進めていくことになる。本館は典型的な中国宮殿式の建築であり、その奥に潜む権力への尊敬や畏怖を呼び起こす心理効果を備えている。

権力機構と基本的にはつながりのない文化施設として建設された台北故宮で、中山陵にも似たこのような建築が必要とされたのはなぜなのだろうか。

そんな私の疑問に対して、蔣伯欣は次のように答えた。

「故宮の国宝は国民党政権と同様に中国大陸の各地をさまよいながら移動し、台湾にたどり着いた。その博物館には、中華民族の誇り、大陸への郷愁、戦災など歴史的な記憶が込められていなければならなかったのです」

同時に、孫文という中国革命を成し遂げた偉大な人物を文物の守護神とする。そんな意匠が、台北故宮の建築に込められているのだろうか。

孫文の銅像をめぐる現状については序章で触れたが、台北故宮と孫文の浅からぬ関係についてはほかにも数々ある。

台北故宮の正式名称は「国立故宮博物院」だが、博物館の正面を注意して見ると「中山博物院」という看板が掲げられていることに気づく。実は建物の名称は中山博物院で、行政組織である「国立故宮博物院」が中山博物院の建物を借り受けているという不思議な状況なのである。

蔣介石が建設中の台北故宮を視察したとき、「孫文の名前（中山）をつけてはどうか」と言ったらしい。当時は蔣介石による権威主義・国民党一党独裁の最盛期だった。異論が出るはずもなく、孫文とは本質的にあまり関係のない台北故宮の名称が「中山博物院」になるという結果を生んだ。故宮前のバス停の名称も中山博物院となっている。

故宮の開院式も孫文の誕生日で、孫文生誕百周年を記念する一九六五年一一月一二日に行われた。資料によれば、当時の故宮トップである故宮博物院主任委員の王雲五は「いつか必ず大陸を回復したあかつきには、ここに保存された故宮の文物もまた、故宮（紫禁城）に帰ることとなろう。しかし、この建物は、国父（孫文）を永遠に記念するために残される」と語った。

戦後の台湾で教育大臣などを務めた王世杰も「中国に戻ったときは、故宮の文物を中国に戻して、複製品を台湾に置きたい」と述べている。

こうした発言から見る限り、台北故宮に置かれていた文物が中国に戻るのは当時の台湾において既定路線だったことは間違いない。故宮の文物が大陸に戻ったあかつきには、故宮博物院は台湾から姿を消し、中山博物院に名称変更されるはずだった。

中国の近代は一九一一年から翌年にかけて起きた辛亥革命より始まった。辛亥革命を成し遂げた最大の功労者は孫文。孫文こそ正統な中華の継承者であり、その孫文の精神、伝統を引き継ぐのは、大陸の中華人民共和国ではなく、台湾にある中華民国である……。

政治権威の正統性にきわめて敏感だった蔣介石は、そんなロジックで故宮の文物という正統性の文化的証明の上に、孫文という人間の精神を受け継いでいるという歴史的証明を積み上げ、自らの権威を二重三重に強化したかったのだと思えてならない。

台北故宮の建築と当時の国際情勢

台北故宮は一九六五年、台北郊外の外双渓に建設された。場所選定の際、台北の気候が多湿のため文物の保管に適さないと反対する意見もあった。しかし、国際社会にアピールする第一級の観光地として故宮を活用することを考えれば、台湾の首都である台北以外の場所では集客力に劣るという主張が最終的に通ったと伝えられている。

それ以前の故宮文物は台湾中部・台中県霧峰郷の北溝という場所に保管されていた。当時、台湾には故宮博物院は存在しなかった。北溝に陳列室はあったが、基本的には大陸に戻る日に備えて大事に保管されていた。台北故宮の完成によって、一九三三年から流浪の旅を続けてきた故宮の文物は、あくまでも「一時的」という周囲の認識だったとはいえ、とりあえずの安住の地を与えられたことになる。

台北故宮の建築時点での台湾情勢は、一つの転換点を迎えていた。

一九四九年に台湾に撤退した国民党政権に対し、中国大陸を支配する共産党は破竹の勢いを保ち、台湾解放を目指した。一九五〇年一月に台湾海峡への不介入を打ち出した米国・トルーマン政権の決定もあり、蔣介石・国民党政権の命運が尽きるのも時間の問題と見られた。

歴史の偶然は、時として弱き者に救いの手を差し伸べることがある。

米大統領トルーマンの不介入宣言から半年後、冷戦期において台湾海峡と並ぶ東アジアのもう一つの火種となる朝鮮半島に火の手が上がった。朝鮮戦争の勃発である。トルーマンは手のひらを返したように「共産軍による台湾占領は太平洋地域の安全及び同地域で合法にして必要な活動をしているアメリカ軍に直接の影響を与えるものである」との声明を発表。第七艦隊を台湾海峡に送り出し、中国の台湾攻略を不可能とし、中台分断の構図を作りだした。

一九五〇年代は中台がお互いに征服を目指し、本気で軍事攻撃や地下工作を展開した時期であった。米国も軍事顧問団やＣＩＡ（中央情報局）を通じて台湾の大陸反攻を間接的に支援し、中国も台湾が実効支配する中国福建省沿岸の金門島や馬祖島などに猛烈な砲撃を加えた。

一九六〇年代になると、米ソ冷戦が深刻化する一方で、米中関係には微妙な改善の兆しも見られるようになった。米国は台湾の大陸反攻に否定的な態度を強め、中国側も台湾解放を「長期的な課題」と位置づけた。中台関係の固定化が進み、蔣介石による中国大陸の再統一の現実味は日々薄れていく一方であった。

そんななかで、蔣介石は故宮文物の器となる博物館の建設に着手した。

大陸から移送した故宮や中央博物院の文物を運び込んだ倉庫は台中の市街地にあり、安全上の懸念があるとして、より安全で人気《ひとけ》の少ない場所に保管施設を建設することになった。

台中県霧峰郷北溝に新しい倉庫が完成し、文物が移され「連合管理処」と呼ばれた。後に外部の参観者を迎え入れるための陳列室や空襲に備えて最上の文物を避難させるための山洞も掘られた。興味深いのは、この陳列室が米国政府のアジア基金会の資金援助によって建設されたことである。いわゆるＯＤＡ（政府開発援助）である。アジア基金会は、台北故宮の建設にも資金援助を行っている。

故宮文物が北溝に置かれている間に、重要な海外展が行われた。一九六一年のアメリカ五大都市巡回展である。ワシントン・ナショナルギャラリー、ニューヨーク・メトロポリタン美術館、ボストン美術館、シカゴ美術館、サンフランシスコ・デ・ヤング美術館を巡回するもので、一九三五年の英国・ロンドン展以来の大規模な故宮海外展であり、台湾の蔣介石政権にとっては、国を挙げての一大イベントだった。

米国展の実現に向けて、台湾側は米国との交渉役に葉公超・外交部長（外相）と、故宮文物の台湾移送の責任者だった杭立武・元教育部長（教育相）をあてた。

当時、葉公超は米国展の意義をこう述べている。

「総統と私がこの計画の実現を切望しているのは、単に米国の美術館や鑑定家の欲求に応じるためだけではなく、米国人民に中国の堂々たる過去に対する真の識見を持ってもらうためである。そうすることによって、中共（中国共産党）ではなく、我々こそが中国の偉大な文化遺産の本当の保護者であるという印象を強めることができる。これは我々の米国人民への宣伝活動にとって絶大な価値を持つ」

基本的に「門外不出」を掲げる故宮の文物をあえて危険を冒してまで海外で展示するという行為が、美術上の目的だけでなく、「米国人民への宣伝活動」という政治目的を強く有していることを、海外展の責任者自らが率直に語った貴重な言葉だ。

米国では主に保守派の、伝統的に国民党と強いパイプを持っていた人々が故宮の米国展を後押しした。代表格は、雑誌「ライフ」や「タイム」の創刊者であるヘンリー・ルースで、ルースは蔣介石夫妻とも個人的に親交を持っていた。

これに対し、中国は激しいリアクションを示した。

一九五五年の人民日報によると、中国各地の博物館などの職員による連合声明と称して、「米国は長期貸し出しの方式で蔣介石集団（中台対立時の中国の蔣介石政権への呼称）に台湾から文物を運び出すよう要求している。蔣介石集団が台湾に運び去った文物はみな中国人民の財産であり、必ず取り返さなければならない」と非難した。

米国展は、対中関係に配慮を見せる米国務省などの消極姿勢もあって大幅に準備が遅れたが、一九六〇年に米国政府と台湾との間で文物を米国に出展する協定が結ばれ、翌年から一年間の日程で実施されるに至った。

保険は英国展と同様、あまりに文物が高価すぎて引き受ける保険会社がなかったが、運搬に米第七艦隊を使うという最高レベルの待遇で台湾から米国に運ばれた。中国は執拗に「蔣介石集団が米国政府の文物略奪に手を貸している」と批判キャンペーンを展開した。蔣介石が文物を米国に売り、その代金で武器を買っていると中国は疑っていたからだった。

いまや荒れ果てた北溝倉庫跡地

二〇〇九年の暮れのある日、故宮文物ゆかりの地を訪ねる取材のなかで、私は北溝倉庫の跡地も訪れた。

文物が完成した台北故宮に移った後、跡地には公営映画会社による撮影スタジオが建てられた。いまでは地元でも故宮の倉庫があったことを知る人は少なく、タクシーに乗って「映画スタジオのあった場所」と言うと、運転手は現場まで連れていってくれた。

うっそうと生い茂った草むらをかきわけ、山洞があった場所にたどり着いた。北溝は一九九九年の台湾大地震を引き起こした「車籠埔断層《チョーロンプー》」にきわめて近く、大地震のときに山から崩れ落ちた土砂や崩壊した山洞の外壁で山洞の入り口は完全にふさがっていた。台湾大地震で映画スタジオも崩壊したという。映画産業の斜陽化もあってスタジオを再建しようという動きはなく、中華最高の文化を守っていた土地は現在、荒れ放題で放置されている。

北溝に文物が置かれていた一九五〇年から一九六五年まで、大地震を引き起こす活断層の存在を指摘する声はなかった。山洞の前でしばらく足を止めて考えた。

「もし、文物がここにあるときに大地震が起きていたら」

陶磁器や書画などが壊滅的な打撃を受け、蔣介石政権は中国や世界から、文物を台湾に運び出したことを激しく非難されただろう。それが引き金になって、中台間で紛争が始まったかも知れない。「古物有霊」といって故宮の文物は何者かに守られているというのが故宮職員たちの発想だが、震災に遭わなかったのもそのおかげだと考えるのだろうか。

設計者をめぐる秘話に迫る

台北故宮の建設は、国民党政権の大物、陳誠《ちんせい》行政院長が提起し、一九六〇年に行政院は故宮新設のための委員会を立ち上げた。建設費用は台湾側と米国のアジア基金会の共同出資で賄うことになった。米国の支援は三二〇〇万台湾ドルの借款だった。

故宮の総工費や台湾側の支出内訳は現在まで分かっていない部分が多い。故宮側は当時の原資料が「廃棄かなにかで存在が確認できない」として外部への提供を行っていない。

故宮の正史である『故宮七十星霜』にも建設状況の詳細は書かれていない。ただ、当時の保存先であった台中・北溝の陳列室は場所が狭く、交通の便もよくない。国内外の観光客の参観には不便な点が多かったので、最初は陳列室の拡充論議を行っていたが、途中から博物館建設プランに切り替えた、とだけ書かれている。

台北故宮の建設にはいくつか不可思議な部分が残されている。

一つは建設が遅れた原因である。台北故宮は本来、一九六三年には完成するはずであった。『故宮七十星霜』は一九六二年に台湾を襲ったカーラ台風による財政難によって工事を一時中断したと記している。

ところが、一九六二年に工事の中断を命じた行政院命令には「この積極戦備段階に際して、不急の工事は停止しなければならない」と書かれている。この行政院令では、中断理由について「積極戦備段階」以外にも、伝染病や風害、水害での財政の困窮を理由に挙げているので、『故宮七十星霜』の記述と完全には矛盾しないが、「積極戦備段階」という文字がひっかかった。これは臨戦態勢を意味しているからだ。

答えを探しあぐねていたところ、二〇一〇年春に北海道大学で開かれた日本台湾学会の学術大会で一つのヒントに出会った。

中台関係をめぐる近代史研究では第一人者の東京大学・松田康博准教授が最新の研究内容を「中台関係（一九五八－一九六五）」と題して発表した。一九六〇年代初頭は毛沢東が発動した大躍進政策によって中国国内経済が大打撃を受け、不安定な状況に陥った。そこにつけ込もうとした蔣介石政権が武装闘争による大陸反攻計画を活発化させた時期だったというのである。

当時中国が核開発を進めていたことも外国には広く知られており、蔣介石は中国が核を持つ前にたたいておくべきだと焦っていた可能性がある。松田准教授の発表によれば、台湾では一九六三年から小型船を用いた福建省などの沿岸に対する突撃作戦を繰り返し展開したが、すべて中国に撃退され、大陸反攻の芽はつまれたという。蔣介石による「最後の闘争」が台湾において軍事予算の増大を招き、故宮の建設計画に遅れをもたらした可能性がある。

故宮建設のプロセスについて、もう一つ大きな疑問にぶち当たった。

「台北故宮の設計には、隠された経緯があるのです」

そんな話を耳打ちしてくれたのは、台湾人ではなく、中国人であった。

二〇〇八年冬の北京。当時、故宮台湾移転六〇年の新聞連載企画のため、中国大陸の各地を取材して回っていた。中国では翌二〇〇九年一月に大型ドキュメンタリー「台北故宮」がテレビで放送され、高視聴率を記録した。情報源は、番組のシナリオライター、胡驍《フーシアオ》という人物だった。

中国が台北故宮の特集番組の制作に乗り出していると聞きつけ、私はその意図が知りたいと思い、胡驍に連絡を取った。以前は文化担当の新聞記者だったという胡驍とは、私と年齢がほぼ同じということもあって話が弾み、その後も連絡を取り合う間柄になった。

すでに番組制作を終えていた胡驍は「放送内容については規定があるので口外できないが、一つ、ジャーナリストとしてあなたに調べてほしいことがある」と言って、こんなエピソードを紹介してくれた。

胡驍ら制作スタッフが台北で取材を重ねるなかで、台北故宮の設計者である建築家、故黄宝《ホワンパオ》瑜《ユイ》の弟子の建設家、蘇澤《スーツォー》と会って、当時の設計図を見せてもらったときのことだ。蘇澤は設計図から台北故宮の設計概念について胡驍らに説明しながら、「実はもう一つ、『幻』の設計案があって、本当はそちらが故宮の設計に選ばれていた」と語ったという。

胡驍らは時間的な制約で詳しい取材をそれ以上は行うことが許されなかったため、その話は蘇澤の談話として番組で紹介するにとどまった。どのような設計者が、どのような設計で選ばれ、最終的にはどのような理由でその設計が外され、黄宝瑜の設計に再決定されるに至ったかは、定かでないままだった。

故宮の正史『故宮七十星霜』には「新館は宮殿式の四階建ての建築物で、大荘建築事務所の黄宝瑜建築師が設計した」という一行が残されているだけである。

当時の台湾の地元紙「聯合報」「中国時報」をすべてめくってみたが、設計の変更という報道はみあたらなかった。

台北故宮内にある図書館で「故宮季刊」という雑誌のバックナンバーをたどると、一九六六年の創刊号で、黄宝瑜が自ら筆をとった「中山博物院之建築」という文章があった。

故宮の建築場所の選定や、室内空間に対する考え方、採光の方式などいろいろ語っていてなかなか面白い文章なのだが、肝心の自らが設計を担当した経緯には一言も触れていない。

蘇澤にコンタクトを取ってみたが、「体調不良で取材には応じられない」という。手がかりを探して台湾の建築関係者の間を聞いて回っているうちに、あるベテラン設計士の話から、「幻の設計」の設計者は、王大閎《ワンターホン》という建築家であることが分かった。

王大閎の名前が出てきた時は、正直、驚きを禁じ得なかった。王大閎は戦後台湾の建築界を代表する人物で、台湾で建築に携わる人間で知らない人はいないほど有名な建築家だ。その人物の設計が差し替えられてしまったとは、通常では考えられない事態だからである。

王大閎の代表作としては孫文を顕彰する台北市の「国父紀念館」が知られている。

国父紀念館は、台北市中心部の西側の総統府に近い場所にあって蔣介石を顕彰した中正紀念堂と並び、台湾を代表する巨大建築物だ。さっそく取材を申し込んだが、王大閎の年齢は九〇歳を超えており、取材の受け答えが困難だとして、家族から「取材に応じることはできない」との回答が届いた。

万事休すと諦めかけていたとき、王大閎の家族から思わぬ助けが入った。「思い出したが、台北故宮の建設のときのことなら、何年か前にこの件でインタビューにきた建築史の学者がいた」という。その人の名前は徐明松。連絡先を調べてすぐに会いに行った。

徐明松は台湾の銘伝大学で建築史を教える研究者で、かつて王大閎のもとで建築を学んだ建築家でもある。徐明松の自宅兼アトリエは「灯台もと暗し」とでも言おうか、台北故宮から車で五分ほどの閑静な山の手の住宅街にあった。窓からは故宮の背後に連なる山々まで見わたたせた。

徐明松が語った台北故宮の建設をめぐる経緯は、建築と権力、文物と政治という普遍的なテーマを考えるうえで、非常に興味深い内容だった。

以下は徐明松からの聞き取りに基づく当時の状況である。

台湾の行政院は故宮建設の準備委員会を発足させ、トップに就いたのは南京国民政府のもとで中央研究院の第四代院長を務めた王世杰だった。中央研究院の院長としては、王世杰の前任者に日本でもよく知られた文学者の胡適がいる。王世杰は博物館の設計に当時では珍しいコンペ方式を採用した。ただ、完全な公開コンペではなく、委員会が指名した五人の建築家による設計で競わせた。

五人の顔ぶれには、王大閎のほかに、台湾の著名建築家・呉文喜や、後に中正紀念堂を設計した楊卓成が含まれていた。当時一流の人々を集めたのだろう。一方、審査委員の側には黄宝瑜が入っていた。

徐明松が集めた関係者の証言によると、審査委員たちは討論の結果、王大閎の設計案が最も優れているという判断に落ち着いた。委員長の王世杰は慎重を期すため、娘の王秋華をニューヨークに派遣し、米国の一流の建築家たちに設計図を見せて意見を求めたという。結果はそこでも王大閎の案が最も高く評価され、最終的に第一位として認定された。

王大閎の設計案のデッサンを徐明松から見せてもらった。徐明松に王大閎が「記録として残してほしい」と託したものだった。総ガラス張りの外観、柔らかなビルディングの形状、開放的なエントランス。周囲の森林の自然環境と一体化させる意図を持たせ、無国籍的な現代建築の概念を体現している建築だった。

どこかニューヨークのメトロポリタン美術館にも似ている。若き日の王大閎がハーバードで建築を学んだことも関係しているだろう。当時としては極めて先進的な建築で、別の言い方をすれば挑戦的なデザインだと受け止められたことは想像に難くない。

委員会が決定した王大閎のデザインに対し、国民党の一党独裁下ですべてを決めることができる権力者の蔣介石総統は「あまりにも中華的でなさすぎる」と不満を示した。ただ、蔣介石の態度を客観的に確かめる歴史資料はなく、あくまでも当時の関係者たちの伝聞である。確実なのは、王大閎に対して、発注側からデザインの大幅修正が求められたことだ。

王大閎は、修正要請に対して、沈黙という形で抵抗の姿勢を取った。王大閎は徐明松の聞き取りでも故宮設計決定の経緯について口を開くことはなかった。

「設計については、本当に何も語らない人でした。完成した姿がすべてであるという考えの持ち主でした」

徐明松は師の人となりをこう表現する。

王大閎の設計案にストップがかかったのを見計らって動いたのが黄宝瑜だった。

黄宝瑜が設計した故宮は「中国宮殿スタイル」そのものだった。浮かび上がるのは、中華、権威、権力、神秘、服従など、王大閎の設計とは対照的なものとなっている。

徐明松の調査によれば、王大閎の設計が暗礁に乗り上げた後、黄宝瑜は自らの設計事務所によって「一つの改善案」というふれこみで新しい設計図面を書き上げた。黄宝瑜は審査委員という立場を通じて、王世杰にこの設計案を渡し、王世杰は蔣介石に黄宝瑜の設計図を見せた。蔣介石は一目で気に入り、「これがいい」という言葉を発したという。

当初、黄宝瑜は表面的には「王大閎が私の設計を参考に図面を引き直してくれればいい」と周囲に述べていた。しかし、コンセプトの全く異なる設計を王大閎が受け入れる可能性はなく、事実上、黄宝瑜による設計の「横取り」が図られたとみて間違いない。王大閎は受注を辞退し、黄宝瑜が名実ともに設計者に決定された。

王大閎の設計を蔣介石はなぜ受け入れなかったのか。そして、なぜ黄宝瑜の設計でなければならなかったのか。権力＝蔣介石が故宮の文物に何を求めていたのかを理解すれば、解答が出せる問題であろう。

故宮の文物を台湾に運んだのは、蔣介石が台湾に持ち込んだ中華民国体制の正統性を強化するためである。「中華民国」とは中華の国であり、故宮の文物はその中華文化の象徴であるならば、器である博物館もまた、中華の輝きをふんだんに放たなければならない。一方、芸術と権力の分離が進んでいた欧米社会で建築を学んだ王大閎にとっては、文化が政治を背負う必要はなく、博物館は利用者のものであり、利用者の気分や心理を美術品の鑑賞に向かわせる効果を持たすことが最大の役割である。

しかし、台北故宮は中華を体現する権力装置だということを王大閎は忘れていた。しかも当時、台湾は中国への大陸反攻の戦いのまっただ中にあり、台湾こそが中華文明の継承者であるという中華文化復興運動を展開していた。台湾政治に、故宮の脱中華化を許す雰囲気はなかった。

王大閎も黄宝瑜も、どちらが正しく、間違っているという問題ではなかった。王大閎は当時の台湾では受け入れられることが難しい設計を持ち込んだ。急ぎすぎたと言ってもいい。蔣介石ら国民党指導部の多くは清朝末期に生まれ、封建的な中国伝統教育を受けて育っている。

審査員でありながら設計を乗っ取ってしまった形の黄宝瑜の行動は、建築家のモラルからすれば褒《ほ》められた行動ではなかった。しかし、黄宝瑜は清朝建築については特に宮殿式建築で一流の研究者でもあった。今日的基準から見ても、台北故宮の建築が特に失敗作という風に言うことはできない。建築家が思い通りの作品を完成させられるかどうかは、実力だけでなく、運次第の面もあるのである。

結果として、王大閎は故宮で妥協を拒み、誰もが記憶にとどめる歴史的建造物を世に残すことに失敗した。しかし、一九六五年にコンペが行われた国父紀念館の設計で、王大閎の設計は最優秀作品に選ばれた。ここでも、発注する側の蔣介石政権は「中華的要素が足りない」として王大閎に設計の一部修正を求めたという。

ここで王大閎は故宮の時と違った判断を下す。蔣介石の要望を取り入れ、屋根の部分や天井などを中華風に変更することで、国父紀念館の正式な設計に選出された。

王大閎は過去の自分の設計について語ろうとしない人物なので、当時のふたつの巨大コンペに際した心境の変化を明らかにしていない。しかし、妥協を拒んで理想を追求しようとした果てに自分のアイデアの実現の機会を失うのか、あるいは、譲歩はしても設計の採用を優先するのかは、企業建築や公共建築にかかわる建築家にとって永遠のテーマであろう。

台湾の台北故宮と国父紀念館の設計は、建築に対して「権力」や「国家意識の表現」という重いテーマが突きつけられた時に建築家がどう行動するかについて豊富な示唆を与えるものであり、設計案の決定をめぐるプロセスは完全な記録の保存が望ましい。

そして、蔣介石が故宮に何を求めたのかについて、王大閎の挫折は貴重な手がかりを与えている。

蔣介石は故宮を含めた文化に、中華そのものを体現することを求めた。なぜなら、中国を正統に統治するのは「中華民国」であり、共産党の中華人民共和国ではないと、内外に向けてアピールする必要に迫られていたからだ。

中華文化復興運動のなかで

戦後台湾史において、台北故宮が完成した一九六五年は一つの節目の年だと言われる。一九六四年には中国とフランスとの国交樹立があり、一九六五年には米国による台湾援助が停止された。客観的な国際情勢上、国民党政権は大陸反攻をほぼ諦めざるを得ない状態に追い込まれていた。スローガンでは「三分軍事、七分政治」が強調されるようになり、事実上「大陸反攻」よりも「建設台湾」へと政治宣伝のポイントを転換していった。

武力闘争が行き詰まりを見せるなか、蔣介石は一九六五年から中華文化復興運動をスタートさせた。武から文への方向転換である。中華文化の宣伝の中核を担《にな》ったのが、同じ年に完成した台北故宮だった。

完成後の台北故宮で発行された学術誌「故宮季刊」の第一号で、初代院長の蔣復璁は「中華文化復興のための要点」と題した一文を寄せている。

「我が中華文化の絢爛豪華な輝きはすでに五千年続いてきたが、不幸にも国際共産主義の悪党どもの侵略を受け、山河の色は変わり、我が民族文化も損害を蒙った。最近では紅衛兵が中国大陸で混乱を引き起こし、文化大革命を騒ぎ立て同胞を迫害し、文化を傷つけている。我々は民族文化を守り抜くため、中華文化の復興を目指さないといけない」

また、台湾の有力な民族学者だった何聯奎《ホーリエンコイ》は一九七一年、「故宮博物院の特質」と題した一文のなかで、故宮の特色について次のように述べている。

「故宮の収蔵品は、中華民国自身にとって固有の伝統文化がはぐくんだ文物であり、世界各国のどこにも我々に比肩しうる博物館はない」

何聯奎はその根拠として、台北故宮について各国の芸術家、専門家が絶賛していることを列挙している。そのなかの一つの例として、一九六六年に日本の出版関係者の訪問団が訪台した際に、作家の中山正男から「中華民国の蔣総統は世界の偉人の一人であるだけでなく、故宮・中央両博物院の三十数万件の、価格のつけようのない中国の歴史的文物と芸術品を保護したことは世界の文化にとっても不朽の功績である」と称賛を受けたことが紹介されていた。

日本人が活発に文物を寄付

発足直後の台北故宮に関する興味深いデータを古い文献から見つけた。

台北故宮が一九六四年から一九六七年にかけて外部から新たに受け入れた文物のなかで、寄贈文物の一覧表があった。そこには日本人の名前がずらりと並んでいた。

「梅原末治先生、鉄鏡二件を寄付」
「梅原末治先生、ガラスの璧一件、ガラスの珠一件を寄付」
「坂本郎《ママ》先生、唐三彩の缶《ほとぎ》一件、唐三彩の馬一件」
「小山富士夫先生、影青磁一件」
「梅原末治先生、唐三彩の文官人形一件」

「大野万里先生、唐三彩の文官人形一件」
「久志卓真先生、越窯印鑑入れ一件」
「大須賀選先生、銅画の馬一件」
「鹿内信隆先生、銅画一件」
「平野蘭舟先生、蘭亭序（複製品）一幅」

梅原末治《すえじ》は日本を代表する考古学者で、日本考古学の生みの親とも言われる人物だ。「坂本郎」となっているのは脱字で、実際は「不言堂」オーナーの坂本五郎。日本で指折りの中国美術コレクターとして有名だ。小山富士夫は中国陶磁の研究では世界的にも第一人者として知られる。鹿《しか》内《ない》信隆はフジサンケイグループの独裁的な経営者だった。

そうそうたる日本の顔ぶれが、故宮に文物を寄贈していたのである。

現在、神奈川の湯河原で悠々自適の老後を送っている坂本五郎に、一度、自宅でインタビューしたことがある。寄贈当時、坂本五郎は、小山富士夫の紹介で台北故宮を訪問した。台北故宮は宋代のコレクションは豊富だが、宋代以前の文物に乏しかった。坂本五郎は、当時の台北故宮が優品を持っていなかった唐三彩の馬像「金加彩唐馬俑《よう》」を寄贈することにした。馬像を運んだ時は空港から故宮までパトカーで先導されるなど、台湾側から「国」を挙げて深く感謝されたことを教えてくれた。台北故宮の図書館で坂本五郎の名前を見つけたとき、インタビューで嬉しそうに唐三彩のエピソードを語ってくれたことを思い起こした。文書の一覧表のなかの「唐三彩の馬一件」とは紛れもなく坂本五郎から故宮に贈られた馬像のことであろう。

台北故宮の完成によって、故宮文物は再び、中華世界の政治プロパガンダの最前線に躍り出ることになった。世界には、国民党の中華民国（台湾）と共産党の中華人民共和国（中国大陸）という「ふたつの中国」が存在し、どちらが本当の中国であるのか、お互いに言い争っていた。小さな台湾に押し込まれた中華民国としては、故宮の文物は合法性、正統性を立証する一つの「物証」になる。中華民国の文化的優越性を強調することで、蔣介石政権を世界に向けてアピールすることに一役も二役も買う形になった。

「ふたつの故宮博物院」は「ふたつの中国」によって誕生したのである。

「中華人民共和国の故宮」の歩み

ここで中国の北京故宮についても触れておきたい。台湾に故宮ができた一方、中国大陸でも一九四九年の新中国の誕生と同時に新しい故宮が歩みをスタートさせた。

故宮博物院の疎開文物のうち、四分の一近くにあたる三〇〇〇箱が台湾に送られた。数量は決して多くはないが、多くの逸品を含んでいた。いかにして優れた文物を再び結集し、中華人民共和国を代表する博物館として輝きを取り戻すかが中国の文化行政の一大課題となってしかるべきであった。しかし、共産党の一党独裁による中国政治のもとでは、「美」「文化」「学術」などの概念は時として忘れ去られ、あるいは攻撃され、故宮もまた、苦難の道を歩んだ。

とはいえ、一九四九年一月、共産党指導者の毛沢東は北京攻略を控えて前線の指揮官に次のような電文を送っている。

「今回の北京攻略は、緻密な計画を立て、故宮や大学、その他重要な価値を持つ文化古蹟を破壊することは避けなければならない」

当時、国民党軍は総崩れで、北京において激しい戦闘はほとんど起きておらず、北京が誇る紫禁城（故宮）などの文化遺跡が大きな損傷を受けることはなかった。

共産党は同年一月三一日に北京を掌握した後、わずか一週間後に北京故宮の一般開放を始めている。北京市民へ安心感を与えるための緊急措置だったと思われる。

一九四九年一〇月、中華人民共和国が成立。翌年、それまでの正式名称「国立北平博物院」を「国立北京故宮博物院」に変更。さらに一九五一年に「故宮博物院」に改称された。国立を外した理由は分からない。故宮は中国の行政機関、国務院傘下の文化部文物局に属した。

南京には国民党が持ち去った二九七二箱を除いた一万一一七八箱が残されており、うち一万余箱が北京に戻された。

当初は北京故宮の位置づけについて、中国政府内で混乱もあったようだ。一九五四年に「故宮博物院整頓改革法」が施行されたが、主に故宮文物の展示において「思想性、芸術性、科学性」を高めるとして、現代中国の芸術品と過去の文物の双方を組み合わせた展示とするように定められた。革命的情熱が熱かった時代である。純粋に「美」や「伝統」を大事にするわけにはいかなかったようで、文物の収集も思うようには進まなかった。官僚や浪費を批判する「三反運動」もあり、修繕する会社を探すことすら困難だった。

一九六〇年代に入ると毛沢東の主導により文化大革命（文革）が始まり、文化行政は一層苦境に立たされる。文革で掲げられた「破四旧」（旧文化、旧習慣、旧風俗、旧思想を打破せよ）において、故宮という存在はまさに「敵」としてうってつけのターゲットとなったからだ。

一九六六年、北京故宮に対して、紅衛兵らが「故宮を破壊せよ」「故宮を焼き尽くせ」と叫んで故宮に侵入を試みる事件が起きた。その行動はなんとか阻止されたものの、北京故宮は緊急事態を政府に通報。当時の周恩来総理が「故宮は守らなければならない」と指示を出した。一般開放は停止され、収蔵品は倉庫にしまわれ、固くカギをかけられた。

それでも文革勢力の北京故宮への攻撃はやまず、一九六八年にとうとう解放軍の宣伝隊（恐らく紅衛兵）が故宮に進駐することになった。故宮内に革命委員会が設立され、故宮の運営も革命委員会の指導下に置かれることになった。

一九六九年になると、故宮の大部分の職員は湖北省などの地方の農村に「下放」されてしまい、故宮の博物館としての運営は停滞する。文革が勢いを弱めると、革命委員会は故宮から撤収し、一九七一年に故宮はほぼ正常な運営に戻った。

改革開放が本格化した一九八〇年代からは、中国は故宮の近代化に乗り出した。中国で最大級の地下倉庫を建造し、展示スペースの改修工事も進めた。北京故宮の「器」である紫禁城は一九八七年に世界遺産に登録されている。

北京故宮は、収蔵品の量においては台北故宮を大きく凌駕している。さらに近年の「国宝回流」現象によって、多くの文物が海外から中国本土に回帰するなか、中国の収集家が故宮に寄贈を行ったり、故宮自身が海外のオークションで買い取ったりするケースも増えている。新中国の成立後に中国各地で発掘された出土物の収集も重ねられてきた。以前のように「質では台北故宮、量では北京故宮」とはあながち言えないほど、北京故宮の収蔵品のクオリティが高まっていることは間違いない。

しかし、北京故宮の「器」か「中身」か、という構造的な問題は依然残っている。北京故宮は紫禁城という世界遺産であり中国を代表する古蹟を展示スペースとして用いている。紫禁城を器にして、中華五〇〇〇年の精髄たる文物を鑑賞できることは極めてぜいたくな環境であるのだが、実際のところ、紫禁城はあまりに広すぎて、一つの展示スペースから次の展示スペースに向かうために、場合によっては三〇分近くも歩かなければならない。博物館の見物はただでさえ疲れるのに、どうしても収蔵品の方まで体力や気力が続かない。

同時に、何度も北京故宮を訪れた印象で言えば、中国宮廷建築を代表する紫禁城の壮大なスケールへの感動と、細部にわたる美を楽しむ美術鑑賞の感動は必ずしも感性として一致するわけではなく、建築から美術への脳の切り替えがなかなか難しかった。

私の意見としては、故宮博物院は紫禁城の外に出るべきである、ということになる。中国の文化界にも似たような意見があると聞いたことがあり、北京故宮の鄭欣淼院長にも「紫禁城と故宮の分離」の可能性をただしてみたが、「現展示スペースの改善によって、鑑賞環境を向上させていくしかない」との回答であった。

第六章　中華復興の波

——国宝回流

香港の中国美術品オークション

文化の繁栄には、強く安定した国家の存在が必要条件となる。ギリシャ、ローマ、ルネッサンス期の欧州、江戸期の日本、唐代など全盛期の中国。いずれも豊かな文化が花開いた。

戦乱に巻き込まれると文化は途絶える。理由は単純で、殺し合い、奪い合いの世の中では、人間は生存競争や経済活動を最優先させる。文化は人間の過剰さが生み出すものだ。人生を楽しみたい、美しいものを創り出したい。そんな欲求は「衣食足りてから」ということになる。

第二章「文物大流出」では、清朝末期から中華民国初期にかけて大量の宮廷収蔵品が紫禁城（故宮）から世界に流出していく様を描いた。国乱れ、文物が散った。しかし、文物の世界的な拡散は、世界が中華文化を知るきっかけにもなった。西欧の「東洋美術」の世界において、中国は「ジャポニズム」と呼ばれた日本文化を押しのけてナンバーワンの座にすわり、今風に言えば「ソフトパワー」を打ち立てたと言うことができる。

一方、中国の人々にとって、文物を奪われた歴史は間違いなく悲劇である。中国に「近代」をもたらした原動力が、西欧や日本に蹂躙《じゅうりん》された歴史への屈辱を晴らすという執念であることは忘れるべきではない。

日本の歴史問題に執拗に反発するのはなぜか。

世界の覇権国である米国に対して、常に対抗意識を燃やすのはなぜか。鄧小平が死ぬ前に一九九七年七月一日の香港返還を見届けたいと考えた（実際は返還日の約半年前に死去している）のはなぜか。

すべて、奪われたものを取り戻し、「雪恥（恥を雪《そそ》ぐ）」を実現するためである。辛亥革命によって一九一二年に誕生した中華民国から、一九四九年に中華民国を台湾に追い出して誕生した中華人民共和国まで、近代中国政治の根源的なところに「取り戻す」というマグマはしっかりと受け継がれている。

台湾について考えてみたい。中華人民共和国は台湾を「不可分の領土」と憲法で決めている。台湾の統一は中国の悲願とされ、中国の国民のほとんどが、台湾をいつの日か取り戻すべきであると信じ疑っていない。

台湾について中国人と日本人が議論するとあまり好ましい雰囲気にならない、というのが私の持論である。

ある時、北京で中国の友人と飲んでいて、酔っぱらって乾杯の音頭を「台湾要独立（台湾は独立せよ）」とやってしまった。友人は本気で怒り出して「台湾絶不能独立（台湾は絶対に独立できない）」と説教を始めた。その友人は私が台湾問題に比較的詳しいのを知っているから、私が冗談で言ったのは分かっているのだが、激さないわけにはいかなかったようだ。笑いを取れることもあるが、日本人が「台湾」を中国でジョークに使うのはかなり際どい。

しかし、歴史を振り返ってみれば、台湾がいつから中国の領土であったのかを立証するのはかなり困難な作業である。

中国の清朝は台湾の台南に行政機関を置いて官僚を派遣したが、積極的に台湾を開発しようという意欲はなく、交易などのために台湾の西半分を管理しているに過ぎなかった。台湾全土が清朝の領土という認識が当時、存在していたかどうか疑問が残る。その後、日清戦争で敗北した清は下関条約で台湾を島ごと、日本に割譲し、日本は台湾の植民地経営に乗り出した。この時点で台湾という一つの地域が領土的概念として国際的にも中国国内的にも、承認されたと言うことができる。

しかし、中国革命における原則として、清朝が列強と結んだ誤った不平等条約や領土割譲はすべて回復されなければならないという考え方がある。台湾について「日清戦争の敗北で日本に奪われたもので、もともと中国のものである」という定義がなされている。一九四五年の日本の敗戦によって台湾は当時中国の対外的代表だった中華民国政府に管理がゆだねられた。この時点で、台湾は日本の手を離れたのである。ただ、一九四九年に、中華民国政府を率いた蔣介石は共産党との内戦に敗れて台湾に逃げ込んだので、中華人民共和国としてはまだ台湾を「取り戻す」ことができていない。

「取り戻す」は、中国語では「回収」と言う。香港返還も中国では「香港回収」と呼ばれた。もし、台湾が中国の一部になる日が来れば、中国は「台湾回収」という歴史的偉業を大いに祝うに違いない。

話を文物に戻すが、戦後の中国は大躍進政策の失敗や文化大革命の混乱によって苦難の道のりを歩んできたので、文物を取り戻すどころではなかった。

一九七〇年代末に「改革開放の総設計師」、鄧小平が登場し、中国はようやく発展に向かい始めた。一九八〇年代には日本の経済援助などを受けながら次第に体制を整えた。一九八九年の天安門事件は一時中国の経済や国際的地位に打撃を与えたが、改革開放のエネルギーは失われなかった。一九九〇年代後半になると中国経済の成長は本格化し、汚職や腐敗などの現象を生み出しながらも、「富強」という中国近代以来の目標にようやく手が届きそうなところに来ている。

そんな中、中国が失った文物が一つの奔流となって中国に戻ろうとしている。「国宝回流」と呼ばれる現象が起きていた。

香港に現れた円明園の略奪品

国宝回流現象を最も体感できるのは、英国植民地として東洋の真珠と称され、現在は中国の一部としてチャイナ・マネーの洪水状態になっている香港である。

香港は中国の下腹部にあたる広東省デルタ地帯の最下部に位置する。大きさは日本の東京都の約半分。農業にも適さない岩山ばかりで、人間が暮らせる土地は三割ほどしかない。せまい土地に七〇〇万人がぎゅっと押し込められて、汗をかき、肩をぶつけ合いながら懸命に暮らしている。

大学時代に一年間、中国語や広東語を勉強するために香港中文大学に留学した。香港の活気に魅せられ留学先に選んだのだが、留学の終わる頃には少々、その毒気に当てられて、言葉遣いや人あたりが荒っぽくなった記憶もある。

香港は中国の「通風口」のような土地だった。アヘン戦争とアロー戦争（第二次アヘン戦争）の敗北で英国に無理矢理貸し出された土地を英国人は世界有数の港湾都市に育てた。停滞、混乱した近代中国から逃げ出したヒト、モノ、カネは香港にどっと流れ込んだ。ヒトには革命家も金持ちも罪人もいた。彼らが持ち出した文物も一緒に香港に来た。

清朝末期は、紫禁城のある北京が中国美術品流出の表舞台で、北京のあちこちに流出品の市が立った。辛亥革命で揺れている「魔都」と呼ばれた上海も文物の売買市場に名乗りを上げた。上海商人は欧米人の美術品好きに高値で売りつける商売のうまみを覚えた。欧米人は母国に戻ってその美術品をさらに高値で転売して財を成した。

新中国の誕生後は海外への窓が閉ざされてしまい、生活のためや、文化大革命などによる破壊を逃れるため、こっそり売りに出された美術品の出口は香港しかなかった。

観光で行った香港で目にする中国美術品はたいてい下町の旺角《モンコック》あたりでナイトマーケットの地面に並べられた二束三文のがらくたばかりである。あるいは、尖沙咀《チムサチョイ》のビルに入った土産物屋で、翡翠《ひすい》の腕輪などを勧められる程度だろうか。

しかし、香港で古くから商売を営んできた人々が集まっている香港島サイドの上環《ションワン》、中環《セントラル》、湾仔《ワンチャイ》あたりには、本物の骨董屋が何十軒もひっそりと店を開いている。これらの店を回って、店主たちから文革時代にどれほど立派な文物を手に入れたかの自慢話を聞くのは私にとって香港の楽しみ方のひとつである。

ただ、こうした骨董店は、現在の香港アートマーケットの主役ではない。主役は、サザビーズやクリスティーズに代表される世界的なオークション会社になっている。春と秋の年二回、香港で開催される両社のオークションは、世界で最も活気があり、掘り出し物が集まるとされる中国美術品オークションだ。

かつて香港のオークションの主役は欧米人だった。一九八〇年代は、バブルマネーを背景にした日本人の姿が急に増え、高値で次々と競り落とす様子に欧米人たちは不愉快な思いをかみ殺した。いまオークション会場の半分以上を占めるのは中国人。会場に入ると、前方にスーツ姿の欧米人や日本人のグループが見られるものの、立ち見を含めた会場の後ろ半分は、ラフな恰好の中国人たちがどっかと占拠している。ポロシャツやスニーカーの中国人も多い。欧米人は「もう諦めた」という感じで、しぶしぶチャイナ・マネー支配の現実を受け入れているようだった。

オークションの言語も、英語と中国語の二言語を使っている。欧米人のオークショニア(司会)たちは、中国語の数字をたたき込まれている。オークションでは一万香港ドル(約一二万円)が最低単位なので、例えば一〇〇〇万香港ドルのビッド(入札)が会場から出されれば、オークショニアは英語で「ワン・サウザンド」と言ったあと、標準中国語で「イー・チエン(一千)」と付け加える。かつて使われていた広東語はもう使っていない。

二〇〇八年十二月。円明園から略奪されたとされる「掘り出し物」がオークションにかかると聞きつけ、香港に飛んだ。

高値へのどよめきと、競り合いへの称賛を表す拍手がビクトリア・ハーバーを見下ろす湾仔コンベンションセンターの会場に響いた。クリスティーズが開催した中国美術品の競売会。つややかなピンク地にチョウが舞う絵柄の清朝磁器に、五三三〇万香港ドル（約六億円）で落札の槌《つち》が下ろされた。

「清乾隆御製粉紅地粉彩軋道蝴蝶瓶《こちょうへい》」

清朝乾隆帝期の逸品で、クリスティーズは「小さな筆で丁寧に下絵を描いた卓抜した技術と類似品の少ない独特の意匠」とカタログで称賛している。

展示されていた実物を見てみた。派手なデザインは決して日本人好みではないが、西欧の技術を応用してこの時期に人気を集めた「粉彩」のレベルはかなり高い。ピンクの素地を軽やかに舞うチョウを使った意匠も見事だ。

しかし、この作品の注目度を大きく高めたのは、円明園略奪品という来歴にあった。

一八六〇年、清王朝の離宮、北京の円明園を英仏軍が襲った。ヘンリー・ブラハム・ロック男爵（一八二七－一九〇〇）という英国の外交官が英軍のもとで清朝との降伏交渉にあたった。ロック男爵は円明園で英軍兵士によって略奪された「蝴蝶瓶」を、そのとき北京で兵士から買い取ったのであろう。「蝴蝶瓶」を英国本国に持ち帰り、すぐにアルフレッド・モリソン（一八二一－一九七）という大富豪に売却している。モリソンは中国だけでなく世界各地の美術品を生涯かけて収集した好事家で、邸宅をまるごと改造して中国やペルシアの美術品を収蔵する陳列室を作ってしまった人物だ。

しばらく時をおいて、一九七一年に、このときもクリスティーズのロンドンでの競売において、四三〇〇米ドルという金額で落札されている。購入したのは美術品のバイヤーで、すぐに米国の収集家に転売された。今回、久方ぶりに表に出て、オークションにかけられたのである。

蝴蝶瓶

オークションで落札者の氏名は公開されない。このときの落札者は電話入札だったので会場にはいなかった。ただ、落札者が誰であるのかは、通常、美術商ら業界関係者の間で「情報」があっという間に伝わる。

関係者に当たって調べたところでは「中国南部に在住する収集家」だった。ということは「蝴蝶瓶」は約一五〇年ぶりに祖国へ帰ったことになる。

回流の仕掛け人は超大物の娘

「蝴蝶瓶」はあくまでも一例に過ぎない。一九九〇年代後半から、こうした流出品が、続々と中国に戻っているのだ。その流れを支えるのは、中国の経済力である。

「いま、中国美術品を最も高い値段で買うのは中国人」

世界の美術品ディーラーは口をそろえる。

そんな「回流」のダイナミズムを感じたのは二〇〇九年の春。中国のオークション最大手「中国嘉徳国際拍売有限公司」の王雁南《ワンイエンナン》総裁と台北の同社事務所で会った時だった。

すらっとした長身に、整った顔立ちの美人。中国美術品業界ですでに伝説的な存在となっている王雁南には、ある種のオーラが漂っていた。話しぶりは自信に満ち、態度はあくまでも丁寧で、よくいる成り上がりの企業家のように取材者を挑発したり、見下したりする態度はかけらも見せない。それでいて、忘れがたい印象を相手に刻む人物だった。

中国ではオークションのことを「拍売《パイマイ》」と呼ぶ。王雁南は中国人が美術品の「拍売」という概念をほとんど知らなかった一九九三年に「嘉徳」を立ち上げ、短期間で中国最大のオークション企業に育て上げた。

王雁南は若き日に米国で教育を受け、中国政府の国防部で翻訳者を務めたこともあった。一九八〇年代から北京の一流ホテル「北京長城飯店」でマネージャーを務めていたが、知人のビジネスマンから「一緒にオークション事業をやってみないか」と声がかかった。

当時、王雁南は美術品への知識がそれほどなく、参加すべきかどうか迷った。だが、「中国では誰も美術品のオークションなどやったことがない。君も私もほかの人間も、全員が素人だ」という知人の言葉に動かされ、オークション事業に乗り出した。

一九九〇年代後半に入ると、手探りだった嘉徳のオークションが急速に拡大に転じ始め、王雁南も若手気鋭のオークション企業経営者として知名度を高めた。

「中国の経済成長がオークションビジネスの追い風になったのは紛れもない事実です。中国人には長い間、美術品や骨董品を収集する習慣がありましたが、経済成長の前の中国では経済力などの事情で『骨董』は水面下の密やかな趣味という位置づけにとどまっていました。しかし、豊かになった人々の間で美術への関心が再びよみがえるのに時間はかかりませんでした。年配の人々よりも、若い人々に購買意欲が旺盛なのが特徴です。現在の主な買い手は三〇歳から五〇歳が中心で、経済発展で資金力をつけた人々です」

王雁南

王雁南が人々の関心を集めた理由はそれだけではない。
王雁南の原名は趙雁南。趙紫陽・元中国共産党総書記の娘だった。
趙紫陽は一九八九年の天安門事件で学生に同情する行動を取った。鄧小平を始めとする共産党の長老たちに糾弾され、失脚した。その後は北京の自宅で一〇年以上に及ぶ異例の軟禁状態に置かれ、二〇〇五年に世を去った。現在まで名誉回復はなされていない。
亡くなった父親の葬儀を終えた後、米国の放送局「ボイス・オブ・アメリカ」の取材を受けた王雁南は次のように語っている。

「父親のことは家族全員が誇りに思っており、多くの人々が父の決断を支持してくれている。父に対する長期軟禁は党の規定や国家の法律に反しており、父への誤った決定については修正を求めていく。父の行動に対する客観的な評価はすでに人民の心のなかに存在している」

この発言を行った当時、王雁南はすでに「嘉徳」のトップの座にあった。中国において、あらゆるビジネスが当局との「関係」を抜きにしては成立しえないことを考えると、王雁南の発言は政治的に相当踏み込んだものであることが分かる。

取材では父親のことに触れないという約束だったため、その点は聞くことができなかったが、美術品ビジネスについて、王雁南は強烈な自負心を抱いていた。

「いま、オークションに出す美術品は『供不応求』（需要に供給が追いつかないこと）。だから、シンガポール、台湾、米国、欧州まで、出品してくれる相手を探さないといけない。今回の台湾訪問も、台湾の収蔵家に会って出品をお願いするのが目的です」

嘉徳の社員は二四〇〇人。二〇〇九年に計一二〇回のオークションを北京や上海など中国各地で主催し、売り上げは約一八億人民元を超えた。同年には東京進出も果たし、美術品の相談会を都内で開いている。中国での競売に出す美術品を日本で探すためのもので、日本各地から美術商や個人収集家ら一五〇人がつめかけたという。

嘉徳に代表される中国オークションは隆盛を迎えている。嘉徳以外にも相次いで参入する企業が現れ、中国全体のオークション事業規模は年々大きくなる一方。買い手の九割は中国人で、逆に売り手の六割は、海外のコレクターとされる。オークションという媒介を通じ、猛烈な勢いで海外の文物が中国に流れ込んでいる。

改革開放の旗手とされながら天安門事件でつまずいた人物の娘が、改革開放によって可能となった美術品のオークションビジネスで成功を収め、中国文化の回復に一役買っているとは実に不思議な巡り合わせである。

円明園の遺恨を晴らす人々

ビジネスによって「回流」の大きな流れを生み出す人々もいれば、より戦闘的に目標を定め、海外に流出していった文物の奪還作戦を行う人々もいる。

二〇〇九年二月、中国、香港、台湾、そして世界中の美術関係者の視線が、フランスで行われたあるオークションに注がれた。

クリスティーズが、かつて円明園の噴水に置かれていた十二支の動物のうち、ネズミとウサギの像を、パリで行われるオークションにかけようとしたのだ。十二支像は、一八六〇年の英仏軍による円明園の破壊の後、長い間、行方が分からなくなっていた。中国人にとっては最も象徴的で、最も有名で、最も分かりやすい「恥辱の歴史」を物語る文化財と位置づけられている。

「フランス人は火を放って、盗み出しておいて、一五〇年後には、盗んだ品で商売をやろうというのか」

オークションが違法行為であるとして、オークションの差し止めを求める民事訴訟を中国人や海外の華人らが原告団を結成してフランスの裁判所で起こした。その呼びかけ人である北京在住の弁護士・劉洋は、私との国際電話で、興奮のあまり声を震わせた。

十二支像の問題に私はかねてから強い興味を抱いていた。中国で高まる民族主義と、この文物問題が結びつくとき、一種のシンボルと化す可能性があるからだ。

十二支像の生みの親は清朝最盛期の皇帝・乾隆帝だ。円明園を造成するとき、西欧式の宮殿建築を導入することを決意し、宮廷画家の郎世寧（ジュゼッペ・カスティリオーネ）に設計を任せた。

郎世寧はイタリア人のイエズス会宣教師で、中国人を喜ばせる術に長《た》けた外国人だった。ブロンズ像という欧米式の外見を用いながらも、中国伝統の十二支の動物によって時を刻ませた。円形の噴水の周辺に設置された十二支像は、一時間ごとに、時刻のその目盛りにあたる動物の口から噴水が飛び出し、毎日正午にはすべての動物から一斉に噴水が飛び出すという凝った仕掛けだ。乾隆帝はこの十二支動物像の水時計がいたく気に入り、時に自ら正午の一斉噴水を見るために足を運んだと伝えられている。

失われた動物たちが再び表舞台に戻ってきたのは一世紀が過ぎた一九六〇年代。米国の骨董商がある民間人の自宅の庭で、無造作にウシ、サル、トラの像が置いてあるのを偶然、発見したとされている。この骨董商は、中国の歴史に造詣の深い人物だったに違いない。骨董商は一五〇〇米ドルという安値で三つの動物像を手に入れた。

十二支像の一つ、ウシの首

その後、ウシ、サル、トラのほかにウマの像も発見され、各地のオークション市場に出品されることもしばしばあった。一九八〇年代、台湾の著名な骨董商「寒舎」は、ニューヨークやロンドンのオークションで台湾の収蔵家のために、それらを相次いで競り落とした。このころは、まだ値段もそれほど高くなかった。話題にも上らず、中国人の愛国心を刺激することもなかった。

二一世紀は「中国の時代」という自意識が中国人の間に広まったことで、それまでとは違う化学反応が起きた。二〇〇〇年、クリスティーズはウシの像を、サザビーズはサルとトラの像をオークションにかけることを請け負った。中国政府と中国の民衆は「略奪品を競売にかけられるのは侮辱」と抗議の声を上げたが、オークションは予定通り行われた。

落札したのは保利グループだった。中国の人民解放軍系の巨大企業で、同グループが持つ北京の保利芸術博物館に展示されることになった。落札額は、ウシ像が七七四万香港ドル、サル像が八一八万香港ドル、トラ像が一五四四万香港ドルという高値になっていた。保利グループの背景を考えれば、中国政府の何らかの意向が働いたと見るべきであろう。

二〇〇三年のオークションに現れたイノシシ像には、今度はマカオのカジノ王、スタンレー・ホーが身を乗り出した。海外に流出した文物の返還運動に取り組んでいる「中華搶救流失海外文物専項基金」に出資しイノシシ像を落札させ、保利グループに寄贈したのだ。最近は相続をめぐる一族の骨肉の争いがスキャンダルとなって世間を騒がしているホーだが、一九九九年にポルトガルから中国に返還されたマカオにおいて「マカオ三大家族」の一角を占めるほどの影響力を誇っている。十二支像の問題は、中国政府や民衆に向けて新しいマカオの「愛国心」を発揮する恰好のターゲットになったのである。ホーは、二〇〇七年にもウマの像を、今度は六九一〇万香港ドル（約八億円）という常識はずれの高値で落札している。ホーはすでにこのウマ像を中国に寄贈したとしているが、ウマ像はいまもマカオに置かれている。

マカオ観光に行った人なら一度は訪れるであろう、マカオで最も有名な「リスボア」は、カジノ王ホーの居城とも言えるカジノ併設のホテルだ。そのリスボアのロビーには、ホーの銅像と一緒に設置されたウマの首が、世界中の博徒たちを見下ろしている。

ホーは所有権こそ中国に譲るが、マカオの中国返還のシンボルとして当分の間、ウマの首をマカオにとどめておけるよう中国の指導部に話をつけたという。ウマの首は、ホーにとって「中国」への忠誠の証《あかし》であり、護身符でもあるのだろう。

所在が明らかになっている五体の十二支像のうち、ウマをのぞいた四体は、北京の保利芸術博物館に鎮座している。

保利芸術博物館は、北京のオフィス街にある巨大な保利グループビルディングの中にあり、普段は訪れる人もまばらだ。ギャラリーの照明はあまり明るくない。四体の動物像の背後には、破壊された円明園の噴水が飾られている。ライトアップされた動物像はまるで亡霊のように見え、背筋の凍るような不気味さを感じる。

「保利グループは中国の愛国主義的教育の一環として十二支像の購入を行った」と博物館のパンフレットには書いてあった。

一八六〇年に円明園を蹂躙した英仏軍の略奪によって、十二支像の首は消えてしまったと中国では信じられている。メディアも「円明園略奪」→「中国人の怒り」という構図を疑わないで記事を書いていた。

ところが、中国文学・文化の優れた研究者である中野美代子が二〇〇九年に発表した論考によれば、一九三〇年前後に円明園を現地調査したキャロル・ブラウン・マローンという人物が撮影した写真には十二支像が映っていたという。また、円明園の略奪後の情景を伝えた当時の新聞の挿絵でも十二支像は描かれていた。これらの証拠と兵士たちが西洋的な十二支像には持ち去る価値を見いださなかったはずであるとの推論から、中野美代子は、「西洋人の兵士たちにとって、十二支動物像なんぞ、ほとんど興味の外であったろう」として、一八六〇年ではなく、それよりも七〇年も後になった一九三〇年以降に何者かによって十二支像の頭部が切断され、国外に持ち去られたのではないかと推定している。

ただ、こうした論理的で興味深い論考が中国で取り上げられることはないだろう。なぜなら、中華民族の悲劇というストーリーのなかで、すでに十二支像は愛国心を奮い立たせるという役割を与えられているからである。

世界の関心を集めたパリのネズミ像オークション

ネズミ像が競売にかけられたパリのオークションに戻ると、当日が迫るに従って、世間の関心は高まる一方となった。ある意味、面白すぎるほど面白い構図であった。

オークションはパリで行われたが、円明園を略奪したのは英国とフランス。中国の民衆は当然、「略奪者による再度の侮辱」を感じ取った。

また、ネズミとウサギの像を所有していたのは、フランスの世界的デザイナー、イブ・サンローランだ。サンローランの死去後、事業のパートナーであり、同性の恋人だと噂されるベルギー人のピエール・ベルジェに莫大な遺産が引き継がれていた。

サンローランがどういう経緯で十二支像を手に入れたのかは明らかではないが、相続人のベルジェは「十二支像の芸術的価値は低い」と考え、相続税を支払う資金を作るためにクリスティーズに提供した競売品のリストの中にネズミとウサギの像を入れたのである。

このベルジェがかなりくせのある人であったことも事態を一層複雑にした。

中国側が反発していることに対して、ベルジェはメディアに「中国政府がチベット問題などで人権に配慮するなら、すぐに像を差し上げよう」と挑発した。チベット問題を持ち出されたら、それまでは民間の動きを静観していた中国政府も黙ってはいられない。政府への「弱腰」批判が巻き起こるからだ。

中国政府の外交部報道官がすぐさま反論の声明を出し、「官」までがこの問題に巻き込まれた形となった。

中国人原告団がフランスの裁判所に起こした競売中止の訴えはあっさりと敗訴した。競売は予定通り行われたが、落札の結果に再び世界は驚かされた。

落札者は、中国の福建省厦門《アモイ》出身の美術商、蔡銘超《ツァイミンチャオ》。日本円にして約四〇億円で落札された。蔡銘超は電話でビッドを入れた。ところが、蔡銘超は落札から数日後、北京で記者会見を開き、とんでもないことを明らかにした。

「カネは払わない。像は中国のものだ。カネを払う必要はなく、中国に返還すべきだ」

オークションは「信用」をもとにできあがった売買制度であり、基本的には誰でも参加できる。落札した人間はきちんと支払いを行わないと次回から入札に参加できなくなる。決して広いとは言えない業界内での信用も失う。

蔡銘超は記者会見の後は取材を一切受け付けず、地下に潜ってしまった。動機を知りたいと考え、いろいろ当たってみたところ、蔡銘超に非常に近い人物が台北にいることが分かった。台湾有数の美術商、「寒舎」の経営者、王定乾である。

「寒舎」は台北の一流ホテル、シェラトン・タイペイ内に店舗を持っている。前述のように、一九八〇年代にほかの十二支像の売買取引を行ったこともある。

私が訪れて取材の趣旨を告げると、目の前で王定乾は蔡銘超の携帯に自分の携帯から電話をかけてみたが、つながらなかった。「ここ数日、雲隠れしてしまっている。中国政府から表立って発言するなと言われているらしい」と言いながら、落札の経緯を教えてくれた。

　蔡銘超はオークションの直前、台北の王定乾に電話をかけていた。

　二人は旧知の仲で、王定乾によると、蔡銘超は「競売流れを狙いたい。おれが入札する」と語ったという。

　王定乾は「業界の信用を失う。慎重に考えた方がいい」と忠告したが、蔡銘超は聞き入れず、行動に移したということだった。

　王定乾は「純粋な愛国的感情が発端だったと思う。中国政府の指示を受けたとは考えられない。彼はオークションのルールも熟知しており、落札して金を払わないことで競売不成立を狙った」と話した。

　オークション終了後、中国の国家文物局は、蔡銘超のことには触れず、クリスティーズ非難の声明を出した。

「中国の勧告を無視し、円明園の動物像の競売を強行した。文化財は国際慣行に従って返還すべきで、今後、同社の中国での事業に深刻な影響を与える」

　蔡銘超が支払いを拒否したことで、狙い通り、ネズミ像とウサギ像は競売流れとなり、クリスティーズからベルジェ側に返還されたという。

文物返還を求める中国国内の動き

蔡銘超が顧問の肩書きを持っていた「中華搶救流失海外文物専項基金」という団体が、にわかに注目された。スタンレー・ホーのくだりでも触れたが、ここ数年、中国で徐々に機運を高めてきた文物返還運動において、無視できない影響力を誇っている組織である。

中国で「搶救」とは「速やかに救い出す」を意味する。私は円明園の十二支像の競売騒ぎの直前の二〇〇九年一月、北京郊外に事務所を置くこの団体を訪ねていた。

「なぜわざわざ団体まで作って文物を取り戻さなくてはならないのでしょうか」

そんな私の質問に対し、王維明・総責任者は「香港もマカオもすでに中国に復帰し、アジアの植民地主義は終わりを告げました。これは中国の国際社会における政治的地位の向上や、経済の急速な発展と無関係ではありません。ただ、植民地主義が残した問題のすべてが解決したわけではありません。我々が取り組んでいる文物の復帰運動は、中国への侵略が原因となった悲劇として、いま最も解決が待たれている問題の一つなのです」とまくしたてた。

同基金は二〇〇二年に成立。純粋に民間の有志が立ち上がって作られたと同基金は説明しているが、同基金のメンバーには中国政府文化部の元職員が入っているとも言われている。活動の資金源は、十二支像を落札して展示している人民解放軍系の大企業「保利」グループとされている。

発足以来、欧米や日本などに調査団を派遣して流出した文化財を特定する調査を行い、中国国内で「失われた国宝」と題して流出文物の写真展を行って世論喚起を図っている。

複数の文化財を基金の資金によってオークションなどで買い戻しているほか、中国のコレクターたちにサザビーズやクリスティーズなどが海外で行うオークションにかかる流出文物の情報を提供し、落札させることで「国宝回流」を手助けする活動を展開してきた。

王維明の説明によれば、アヘン戦争以降に海外に流出した文化財のうち、国宝級だけで一〇〇万点に達するという。ユネスコの統計によると、世界二八カ国の博物館一四七館に、一六七万点の中国文化財が収蔵されているという。

もちろん、多くは正規の取引によって売買されたものだが、略奪や略奪同然の方法で中国国内から持ち出されたものもあり、こうした文物に対して中国政府は奪還運動を展開している。

中国国家文物局は二〇〇二年から四年の間に計二億人民元を費やし、海外などから二〇〇点以上を買い戻した。政府間交渉では、一九九八年に英国から約三四〇〇点、二〇〇五年にスウェーデンから一点、二〇〇八年にデンマークから一五六点を取り戻している。

返還運動の果てには

世界に散らばっている中華文明の「秘宝」は数限りない。

例えば、現存する中国で最も早い時期の絵画とも言われる東晋時代の画家・顧愷之《こがいし》による絵巻「女史箴図《じょししんず》」の模本は、一八六〇年の第二次アヘン戦争の際に英軍兵士に持ち去られ、現在は大英博物館に収蔵されている。

唐代の画家・閻立本による、前漢の昭帝から隋の煬帝《ようだい》まで歴代一三人の皇帝を絹の巻物に描いた「歴代帝王図」（北宋時代の模写）は米国のボストン美術館にある。

日本人もよく知る敦煌・莫高窟《ばっこうくつ》遺跡からは、壁画や仏像が米国・ハーバード大学などに持ち去られている。

どれも中国の文化史において不可欠のものばかりで、中国人のナショナリズムがこうした海外の文物を目にする度に刺激を受けることは理解できる。そんな民族的感情に後押しされる中国の文物返還運動は、いったいどこまで突っ走るのであろうか。

上海大学に「海外文物研究センター」という組織がある。主に海外に流出した文物を網羅的に記録、研究するところで、陳文平教授がセンター運営をリードしている。九州大学に留学経験があり、流暢な日本語を話す人物だ。文物返還の「強硬派」として知られ、『流失海外的国宝（海外に流出した国宝）』（上海文化出版社）などの大型の資料集を編纂している。

上海市内の喫茶店で会った陳文平は「日本にいるとき、各地の博物館であまりに多くの中国の文化財を目の当たりにして、流出問題を生涯のテーマに決めたのです」と切り出した。以下、対話形式でインタビューを再現してみたい。

「象徴的な案件の追及をスタートさせた。米国はなんといっても中国から盗み出した文物がいちばん集まっている場所ですから」

「そのケースとは何ですか」

「昭陵六駿《しょうりょうりくしゅん》の問題です。唐の太宗は七世紀、西安で文徳皇后を葬りました。そのお墓が昭陵です。昭陵には墓の守り神として、太宗が戦場を駆けめぐった時の愛馬六頭の石像が置かれました。それが六駿です。そのうち二頭の石像が、米国・フィラデルフィアのペンシルバニア大学博物館に保存されています」

「それのどこが問題なのでしょうか。石像は奪われたのですか」

「一九二〇年に盗み出され、二頭は途中で阻止されましたが、二頭は米国に運ばれました。四頭はいま、西安の碑林博物館にあります」

「もしそれが本当だとすれば、どこか、円明園の十二支動物像と似たところのある話ですね。返還を要求したとして、米国は素直に返すでしょうか。大学は、きっと誰かから買い付けただけで、善意の第三者ではないのでしょうか」

「西安碑林博物館とも協議していますが、可能だと考えています。なんと言っても、馬の石像は本来なら移動できない文化財であり、無理矢理、運び出されたのです。一九一四年に中国には重要文化財を国外に運び出してはいけないという法律がありました。さらに決定的なのは、ペンシルバニア大学が当時、何かいい石像がないか、運び出した米国人に相談し、大学から西安に学芸員も派遣しています。そして、盗み出された翌年の一九二一年に一二万米ドルで買い取っていますす。そうした資料があるので、彼らが違法であると知りながら計画的に馬の石像を持ち出したことは十分に証明できます」

「今後、どのような行動を取るつもりですか」

「まずは大学当局との話し合いです。もちろん、中国側で返還を要求する当事者を決めないといけません。政府でもいいですし、西安碑林博物館でもいいです。一切の代価なしに返還するのが大前提です。なぜならユネスコ条約は盗難文化財の原保有国への返還を求めているのですから」

陳文平の表情は真剣そのもので、「必ず取り戻す」という執念を感じさせた。流出文物の所在を求めて世界を飛び回る研究センターに集まる活動資金は、中国内外の「愛国主義的意識の高い」企業家たちから提供されているという。日本から海外に流出した文化財も決して少なくないはずだが、同じような執念を日本人は持てないだろう。

中国では、一九九〇年代以降に愛国教育を強化した結果、日本への抗議行動などナショナリズムがさまざまな形で過剰に噴出するケースが目立つ。私は、一連の文物返還運動も、こうした中国の愛国教育ナショナリズムの一つの派生物ではないかと思う。

中国人の肥大化した愛国意識と、実質的にも経済成長によって大国化した中国の国力が結びついたため、文物返還運動が大きなうねりとなりつつあるのだ。

中国の文物奪還に向けた活発な動きに、世界の博物館は危機感を強めている。

二〇〇二年一二月に、パリのルーブル美術館、ニューヨークのメトロポリタン美術館など世界の一八の有力博物館が連名で博物館に対する返還要請を拒否する声明を発表した。

論拠は「過去の行為は現在と異なる価値観と文脈で判断すべきで、博物館には特定の国家ではなく普遍的にあらゆる人々へ奉仕する義務がある」というものだ。

だが、中国政府の単霽翔《タンチーシアン》国家文物局長は「不法に流出した文化財の帰還促進は国際社会の共通認識であり、我々の基本的な文化権利だ」と反論する。

世界の博物館側の主張には詭弁のように聞こえる部分があることは確かだが、中国の言うほど単純な問題ではないだろう。いずれにせよ、このあたりはどう議論しても水掛け論になってしまう。どこで線を引くかは難しいが、「略奪」「盗難」という状況が誰の目にも明らかな場合、法的な正当性はともかく、道義的な立場は中国のような原保有国の方が強くなることは間違いない。

文化財の返還について立ち上がっているのは中国だけではない。二〇一〇年にはエジプトのカイロに世界から二一カ国が集まって「文化財保護と返還のための国際会議」が開催され、略奪された文化財の返還運動を今後団結して進めていくことを決議した。今後、欧米などに対しての圧力は強まっていくと見られる。こうした国際的な動きの背後にも、中国政府の積極的な働きかけがあったことが、現地メディアの報道で指摘されていた。

政治・経済大国となった中国は、新たに文化大国としての復権を視野に入れ始めた。帰還した文物の受け皿となる北京故宮は、中華文明の中心として再び輝くのだろうか。

第七章　故宮統一は成るのか

北京・台北の両故宮院長

二〇〇九年三月二日、台北故宮。

中国の北京故宮トップとして初めて台湾を訪れた鄭欣淼《チョンシンミアオ》院長を迎え、台北故宮の周功鑫《チョウコンシン》院長との共同記者会見が開かれた。

二人の名前の最後にはそれぞれ「水」と「金」を三つ重ねた漢字がつく。いずれも日本語では見かけない漢字で、中国・台湾でもかなり珍しい部類に入る。特に「淼《ミアオ》」は読めない人も少なくない。

水と金は中国の陰陽五行説《いんようごぎょうせつ》の「水金土火木」に入っている。「五行相克」という考えが陰陽五行にはあり、「水は火を消し、火は金を溶かし」という風にそれぞれ有利不利な相手があると考える。この会見前に鄭欣淼に北京でインタビューしたとき、「私と周院長は、相克のどこにもあたらない。すごく相性がいい」と喜んでいた。

歴史的な瞬間とあって、地元台湾メディアや台北駐在の中国メディア、そして私たち海外メディアの記者たち数十人が台北故宮内の会見場に顔をそろえた。記者席の背後には、テレビ局のカメラ十数台がずらっと林立した。

台湾には地上波、有線あわせてテレビチャンネルが一〇〇局以上ある。ニュース関連では有線のニュース専門チャンネルが六局もあり、地上波の三つの民放や公共放送局まで報道部門を持っている。そのため、取材に集まってくるテレビカメラがものすごく多い。記者の質問もそのまま放送される。普通、バカな質問はできないと緊張するものだが、台湾の記者はあまり気にせず、無知をさらすような質問でもどんどん聞く。おおらかな南の島の風土がメディアの体質にも生きている気がする。

両院長はお互いの贈り物を最初に交換した。北京故宮からは唐代の僧・書家の懐素による書のレプリカが、台北故宮からは宋代の書家、趙昌による「写生蛺蝶《たてはちょう》図」のレプリカがそれぞれ贈られた。この種の交流では恒例の行事ではあるが、故宮ともなると、贈り物にはどんなメッセージが込められているのかと気になる。

記者会見での両故宮トップの反応

両院長が冒頭あいさつであたりさわりのない発言を行ったあと、記者との質疑応答の時間になった。

記者会見は記者にとって真剣勝負の場である。会見で質問することが好きな記者と、そうではない記者がいるが、私は断然、前者である。日本人の記者には後者タイプが多い。会見の場ではあまり突っ込んだ話をせず、夜討ち朝駆けのような一対一のプライベートな場所で特ダネにつながるようなことをこっそり聞くべきだという教育を、若いうちの警察回りで教え込まれるせいもある。

検察や国税、警察のように、表面的には守秘義務遵守《じゅんしゅ》を唱えていて、裏ではせっせとリークしてくれる組織が相手であればそれもいいだろう。しかし、経験則から言えば、個別取材と記者会見で出てくる答えが違っていることはあまり多くない。むしろ、テレビカメラが録画・中継している衆人環視の会見の場で、相手が聞きにくいこと、答えにくいことをあえてぶつけてみると、予想外の反応が引き出せる効果もある。

この日、地元メディアがこだわって聞いていたのは、収蔵品の貸し出しなどを伴う両故宮の交流に際し、台北故宮の正式名称である「国立故宮博物院」という呼称をどう取り扱うかという点だった。

台湾を国家として認めない中国にとって、「国立」がつく台北故宮の名称は受け入れ難く、中国がその部分に固執すれば交流自体がストップしかねない際どい問題である。しかし、中台故宮の交流開始という政治的な決断が双方の最高指導者レベルによって下されたあとでは、名称問題ぐらいで交流を止めることはあり得ない。お互いが実務的にうまく処理できる方法を考えるはずである。

予想通り、両院長は「名称や法律の問題を回避するため、第三者を経由して収蔵品の貸し出しを行う。名称や法律の問題に抵触しないよう知恵を絞ることが大事だ」と口をそろえて答えた。とっくに根回しは済んでいたのである。

私は手を挙げ、あえて直球ど真ん中の問いを投げてみることにした。

「朝日新聞の野嶋です。両院長にお聞きします。今回、中台の故宮がこのように交流をスタート

台北・周院長

北京・鄭院長

させ、トップ同士が互いに訪問する状況について驚きをもって受け止めています。両岸故宮の交流は今後も順調に続くことが予想されます。このままでいけば、近い将来、両岸の統一より先に、故宮が統一される日が来るのではないでしょうか」

質問を発した直後、会場が一瞬静まり返り、その後、どっと大きな笑い声に包まれた。記者会見では直接的すぎる質問が出ると、時々こうした反応が起きる。

「両岸《リャンアン》」という言葉は中国語で「中国と台湾」を指すもので、台湾海峡の両岸にある同士、という意味だ。中華人民共和国も中華民国（台湾）も自分が「中国」だと主張しているので、「中台」という表現は中国と台湾の両方の社会に存在しない。「両岸」は、互いの面子を立てる言い方だ。英語では、中台はChina-Taiwanだが、両岸の英訳の「Cross-Straits」を用いて表記することもある。このあたりからも、ややこしい中台問題の夕ーミノロジー（用語法）の一端がうかがえる。

私の質問が終わると、鄭欣淼院長と周功鑫院長は顔を見合わせ、苦笑いを浮かべた。

最初にマイクを取ったのは鄭院長で、にこやかに答えた。

「朝日の野嶋記者はよく知っているが、彼はいつもこの問題を気にしている。彼が日本人だからだろうか。収蔵品はどれも中華民族の文化遺産で、両岸同胞が共有するものだ。この問題は将来、両岸同胞によって決めればいい。歴史が決めてくれると言い換えてもいい。我々はまずは現在の交流を豊かなものに育てていくだけでいい」

続いて、周院長は、やや緊張した表情でこう語った。

「故宮の収蔵品はすでに六〇年間も台湾に置かれてきた。多くの同僚たちの努力のもとで収蔵品を守りつづけてきた結果、この台湾という土地にあって、台湾の民衆にとって欠かせない存在に育っている。一方で、文化交流がとても重要なのは言うまでもない。交流の相手は北京故宮だけではない。上海博物館や、故宮の文物と関係がある瀋陽の故宮、南京博物院などとも、どんどん進めていきたい」

両院長の発言を比べてみると、発言のニュアンスにはっきりと違いが浮かんだ。

鄭院長は、現時点では「故宮統一」を考えていないが、将来においては排除しないと考えている。周院長は、台湾にとって故宮が統一される将来はありえないが、中国側の思惑も理解しているので、完全に交流の意義を否定するような発言はできないのである。

私は、中国と台湾の関係を男女関係に例えて分析することが好きだ。

昔から思い焦がれてきた女性（台湾）との結婚（統一）を目指す男性（中国）は、現在こそ結婚（統一）という言葉を口に出して女性（台湾）と付き合うことはしないが、その思いは心のなかにはしっかりと秘めている。女性（台湾）にとっては、お付き合いを始めることを決めた動機は、お金持ちの男性（中国）からは豪華な食事（経済交流）やプレゼント（投資）でいろいろおいしい思いができるからで、人間性（共産主義・一党独裁）には違和感もあるから、将来の結婚（統一）までは現時点ではなかなか考えられないし、できれば結婚（統一）はしたくないというのが本音である。

両院長の発言からは、結婚（統一）という一大事に向けた男女（中台）の気持ちの温度差がにじみ出ているではないか。

中台改善で始まった台北故宮の「逆コース」

二〇〇八年五月に登場した台湾・国民党の馬英九政権は真っ先に中台関係改善に取りかかった。たまったエネルギーが解放されるというのはこういうことをいうのだろう。

中国と台湾との間で政治的対立が続いていた民進党政権時代にも、投資や台湾企業の対中進出などで中台間の経済的結びつきは深まっていた。馬政権のもと、一〇年間中断していた中台対話が再開すると、中台は中国人観光客の台湾訪問解禁と、中台間の直航フライトを馬総統の就任から三カ月と経たない間にまとめ上げてしまった。

中国側が熱望していた「三通」も台湾は二〇〇八年末にあっさりと同意した。三通は、中台間の直接の通信、通商、通航の自由化のことであり、台湾統一に向けて武力統一に代わる「秘策」として鄧小平が打ち出したものだ。草葉の陰で、鄧小平も驚いたのではないだろうか。

台北故宮も、新政権の誕生によって新たな時代に直面することになった。

民進党政権が台北故宮を「アジアの博物館」に変えようと試みてきたことは、第一章「民進党の見果てぬ夢」で明らかにした。政権を奪い返した国民党は、民進党の故宮改革の否定から始めた。振り子が、再び反対側に戻されたのである。

新しく台北故宮の院長の座についた周功鑫は苦労人である。大学ではフランス語を学び、故宮に入って最初に就いた仕事はフランス人向けのガイドだったが、真剣に美術を学んだことで学芸員になることができた。その後、フランス美術などに対する造詣を深めながら昇進を重ね、蔣復璁、秦孝儀という二人の院長には秘書として仕えた。

一九九〇年代に故宮を離れた後は研究者として台湾の輔仁大学博物館学研究所の所長に就任していたが、馬英九政権の閣僚人事で、古巣に呼び戻される形になった。

院長就任が決まった周功鑫を「老故宮」と評した新聞があった。「老故宮」とは、一九四九年の台湾への撤退のときに故宮文物と一緒に渡ってきた故宮職員たちを指す言葉であり、周功鑫は戦後世代なので、厳密に言えば正しくない。

ただ、周功鑫が「老故宮」の価値観を受け継いでいる人物であることは、故宮関係者の間でよく知られている。そうでなければ、古い故宮や国民党の価値観を持っていた二人の院長から気に入られて秘書を務めることはできなかっただろう。

その点では、同じ女性でも前任者の林曼麗とは基本的に違っていた。文化人として華やかな雰囲気を持っている林曼麗と、故宮人としてこつこつと経験を重ねてきた周功鑫は、さまざまな意味で対照的な二人であり、民進党から国民党への政権交代による故宮の変転を新旧トップの二人自体が象徴している気がした。

周功鑫とは、合計五回ほど、一対一のインタビューを行っている。二〇〇八年四月に行った最初のインタビューは院長に指名された直後で、勤務先の輔仁大学へ会いに行った。

周功鑫とのインタビューのとき、周功鑫は院長になる前の民間人という立場だった。最初のインタビューで最も興味深い話をたっぷり聞くことができたのは、最初のインタビューだった。取材ではときどきこうしたことが起きる。院長になる前の民間人という立場だったことも、本来は慎重な周功鑫をしゃべりやすくさせたのかも知れない。「鉄は熱いうちに打て」と言うが、重要人物とはポストに就く前に会っておくと役立つ場合が多い。

周功鑫は民進党による故宮改革について「故宮はアジアの博物館ではない。中華文化という単一テーマの博物館です」と言い切った。前任者の林曼麗は故宮の展示を「テーマ別」から「時系列」に変更していたが、この変更にも問題があったと指摘し、「参観者の利便を考えて元のテーマ別の展示方式に戻したい」と述べた。

民進党故宮改革の目玉であった故宮の分館「故宮南院」については「故宮にどのような分館が必要なのか改めて精査したい。故宮の文物を大量に持っていくことはあり得ない。博物館のままで、参観者が集まるかどうか。一種の文化的なテーマパークのように、計画を変更していくことも検討したい。故宮南院という名称にもどこまで正当性があるのか、私個人的には疑問がある」と語っている。

故宮南院の定義や性格について、全面的に見直す考えを示したのである。

話を聞きながら、メモを取る指がすこし震えた気がした。

周功鑫は、政治的にラディカルな行動を取るタイプの人ではない。そんな彼女が、これほどはっきりと前政権の故宮のあり方を否定するとは……。一つの「国」を代表する博物館の方向が、再び、大きく転換する事態が迫っていることは明らかだった。

「南院」の運命は風前の灯火か

二〇〇八年に国民党の馬英九が総統に就任すると、故宮南院の行方は日に日に不透明さを増した。故宮南院の計画が遅々として進まないことに不満を抱いて途中で辞任した設計者のプレドックとの間に契約トラブルが発生し、プレドックが台北故宮を設計費の不払いで訴える事態に至った。そして、二〇〇九年三月、周功鑫院長は故宮南院を「アジア文化と花のテーマパークにする」との構想を発表した。

従来はアジア文化の博物館だけの構想だったが、そこに「花」をテーマに加えるのだという。台北故宮からは「花」と関連する陶磁器や書画などの文物を提供する構想だった。

博物館中心の計画では十分な観客動員が図れないという理由からだが、突然の計画変更に、地元や民進党側は騒然となった。私たちメディアも狐につままれたような思いで、「なぜ花がテーマなのか」という疑問が広がった。

台北故宮側は「嘉義が農業県だから」だという説明をしていたが、どうにもピンと来ない。周功鑫は私の取材に対して、「南院がもし誰も見に来ないがらがらの施設になったら台湾の恥です。観光客を引き寄せるにはどうすればいいか検討した結果なのです」と語った。

台湾では「がらがらの施設」を「蚊子館《ウェンズグアン》」と呼ぶ。管理が行き届かず、人も来ないので、蚊がぶんぶん飛んでいるイメージから使われている。周功鑫がこのとき「蚊子館」という言葉を使ったことが強く印象に残った。故宮の壮麗なイメージと「蚊子館」という言葉のイメージがあまりにもかけ離れていたからだった。

アジアか花か。主題が曖昧になったことで故宮南院のイメージは宙をさまよう形となった。本来は二〇一〇年、遅くとも二〇一一年に完成するとされていたが、本書の執筆を終える直前の二〇一一年三月、台北故宮は故宮南院の完成が二〇一五年になると発表した。まさに後退につぐ後退である。

私の見立てでは、故宮南院がもともと民進党の掲げた「国を代表する世界レベルの博物館」になる可能性はほとんど消えた。最終的には地方レベルの博物館及びレジャー施設合体型のテーマパークになるのではないだろうか。

民進党があれほど願った故宮南院による故宮改革の運命は風前の灯火となっている。

極端に意見の異なる二大政党が争っている台湾政治では、政治の流れがすべての物事の流れを変えていく。もしこの先の総統選でまたまた政権交代が起こり、民進党が返り咲くことになれば……。そんな可能性もつい頭をよぎってしまう。

思惑をはらみ始まった交流

北京、台北両故宮院長によるこの章の冒頭の記者会見から半月ほど前にさかのぼる。

真冬の北京では凍てつく空気がほおを刺す。足の指先も痛い。取材でもない限り、この季節の北京には来たくない。史上初めて台北故宮トップが北京故宮を訪問し、中台故宮院長が初めて顔を合わせるという歴史的なニュースがある以上、来ないわけにはいかなかった。

北京故宮には四方に門があるが、通常、観光客は天安門広場に面した南側の「午門」から中に入る。周功鑫は午門から、台北故宮の院長として初めて、紫禁城である北京故宮に足を踏み入れた。

北京故宮の鄭欣淼院長が紫禁城内を案内し、その後をメディアの記者やカメラが追った。この日、北京の空には雲一つなく、太陽の紫外線が強かったため、周功鑫は黒いサングラスをかけっぱなしで、せっかくの初訪問の写真がいまいちだと一緒にいた北京の新聞のカメラマンがぼやいていた。周功鑫の北京訪問を中国のメディアは歴史的な訪問だと騒ぎ立てた。連日、テレビ局の中央電視台はニュースで大々的に報じた。

中国が中台故宮の交流を歓迎する背後に政治的な動機があるのは明らかだった。

この十数年、台湾人のアイデンティティーは中国大陸から離れる一方だった。

一九九〇年代の李登輝総統時代には、日本の半世紀の植民地統治がもたらした「日本精神」が再評価され、台湾中心の歴史教科書が作られるなど、国民党が中国から持ち込んだ中華的な思想が薄められた。

二〇〇〇年に当選した民進党の陳水扁総統はさらに「去中国化（脱中国化）」を推し進め、台湾を母なる土地と認識させる「台湾本土化」を展開した。

その結果、自身を「中国人」と考える人々の比率は、一九九〇年代以前には過半数を占めていたのに、一〇％以下にまで下落してしまった。

これでは中国がいくら統一を望んでも、台湾の民意が統一に賛成するはずがなく、武力行使という最終手段以外に、中国も手の打ちようがなくなってしまう。

そんな中国指導部の危機感から導き出された結論が「文化統一」を先行させるという戦略だった。

二〇〇八年末、中国の最高指導者、胡錦濤国家主席は、今後の台湾政策について六項目からなる重要講話「胡六点」を発表した。中長期的な台湾政策の綱領となることが確実とされる文書のなかで、胡錦濤は文化交流の重要性について「各種の文化交流の推進は、中華民族の偉大な復興を共に図る精神的な力である」と言及し、まるまる一項目を割いている。

中国にとっては、そんな指導部の意向のもとに、政治色をたたえながらスタートしたのが故宮交流だった。

ただ、北京故宮院長の鄭欣淼は、政治的な生臭さを感じさせない人物である。もともとは地方官僚で、故宮院長になる前は、陝西省の党委員会で副秘書長を務め、中国で最もへんぴな場所の一つである青海省で副省長にもなっていた。「文化、文学が大好き」というだけあって、公務のかたわらに読み込む作業を続けた魯迅文学の研究においては、中国でも指折りの業績を残している。故宮院長になってからは、故宮の歴史や文物について勉強を重ね、故宮の歴史の本や北京と台北の両故宮を比較した本も相次いで出版しており、故宮の歴史や収蔵品を総合的に研究する「故宮学」の創設も提唱している。

そんな学究肌の鄭欣淼が台北との故宮交流において重ねて強調しているのが北京と台北の故宮の間の「相互補完性」である。

故宮はもともと一つであったわけで、ふたつに分かれた以上、お互いの足りないところを埋めるものが反対側の故宮にはある、という主張だ。

真冬の北京で会った鄭欣淼はこう言った。

「例えば、収蔵品の中に、歴史的な諸々の原因で、本来は一つのセットである品が、一部分は我々のもとにあり、一部分は台北にある、というものがある。我々はもともと一つだったわけだから、相互の交流によって、今までできなかった研究が可能になるのです」

確かにその通りなのだが、少し意地悪な質問をしてみることにした。

「相互補完性と言いますが、北京故宮は空っぽで器しかないと台北故宮の人たちは思っています。北京故宮の紫禁城は素晴らしい建物で世界遺産にも登録されています。しかし、収蔵品のいい物は全部台北に持っていかれている。だから補完性といっても、それは北京の方にしか存在しないのではないでしょうか」

鄭欣淼はややムッとして、つらつらと反論を展開した。こういう質問は何度も受けているのだろう。

「中国の伝統的な文物、例えば、青銅器や書画、玉器は台北故宮には一万件しかないが、我々は一四万件を持っている。台北故宮の収蔵品は宋や元など早期の王朝の品々が我々より多い。しかし、我々は明や清の文物をふんだんに持っています」

「ですが、中国の芸術は宋のころに最高峰に達しているというのが一般的な評価です。その意味では、最高のものはやはり台北にある、ということではないのですか」

「そうとも言えない。例えば書で言えば最高のものとされる東晋や西晋の作品は、北京故宮の方により多く収蔵されている」

そんなやりとりを重ねながら、鄭欣淼へのインタビューは二時間を超えていた。中国の官僚への取材では建て前論に終始されてあまり得るものがなく、取材したというアリバイ作りに終わってしまうケースが多いが、鄭欣淼への取材は中国側の故宮認識を知るうえで非常に意義があった。

北京から台北に戻った周功鑫は、鄭欣淼による返礼訪問の受入れ準備を手早く整え、予定通り、鄭欣淼は中台直航便に乗って台北の松山空港に降り立った。両故宮のトップ会談で、上海博物館も含めた今後の故宮交流の方針が以下のように固まった。内容は多岐にわたり、全面的な協力関係の構築を打ち出すものだった。

一、双方は、名称や法律に抵触しない形で、実務的な協力関係を推進する。
一、北京故宮の李季・副院長と、台北故宮の馮明珠・副院長、上海博物館の陳克倫・副館長を交流の担当として、毎年定期的に会合を行うだけでなく、随時、交流の進捗状況について議論を行うこととする。
一、研究員など職員の相互訪問。期間は三カ月から一年間とする。
一、学術会議などを相互に開催する。
一、相互に共同研究課題を決める。
一、出版物や資料の交換や共同出版。

次なる目標は「日本展」

中国側との関係を「正常化」させた台北故宮は、次なる目標を掲げた。過去に一度も実現したことのない、故宮文物の日本展である。

故宮の収蔵品は、戦前は日本と中国が戦争していたので日本に来るはずもなかった。戦後は北京故宮の文物が何度か日本に来たことはあるが、本格的な展覧会は行われていない。

ふたつの故宮博物院のうち、日本の文化関係者が特に心待ちにしているのは台北故宮コレクションの来日である。理由は「逸品」を揃える台北故宮コレクションの魅力に尽きる。

一九六〇年代には、親台派で知られた岸信介元首相や日本経済新聞社の円城寺次郎元社長らが音頭をとって、日本展の計画が持ち上がった。台湾側も蔣介石の指示のもと日本側と交渉を進めたが、最終的に文物の安全に関する政府保証を台湾が求めたことなどがネックとなって、頓挫したことがあった。

時を経て二〇一〇年末、私が会った台湾の駐日代表、馮寄台《フォンチータイ》は焦っていた。在任中の目標として掲げていた台北故宮の日本展が暗礁に乗り上げていたからだ。

馮寄台が日本に赴任した二〇〇八年秋ごろは、故宮の日本展に対する永田町や霞が関の反応は良好で、二〇一〇年には日本展が実現してしまいそうな勢いだった。しかし、故宮日本展への道は平坦ではなかった。

政権交代で誕生した台湾の国民党・馬英九政権は、前の民進党政権との対抗上、「台日関係」で一定の成果を義務づけられる宿命にあった。

陳水扁政権時代の日台関係は順調そのもので、日本の駐台湾大使にあたる池田維《ただし》交流協会台北事務所長は二〇〇八年七月の退任時に「いまの日台関係は一九七二年の断交以来、最良の状態にある」と述べたほどだった。

台湾の独自性を追求するあまり過激な発言に走って中台、米台関係を冷え込ませた陳水扁政権は、その失敗を埋めるかのように、日本との関係強化を最優先した。

領有権をお互いが主張する尖閣諸島問題では漁民の不満を抑え込み、日本からの国会議員などの要人にはほぼ必ず陳水扁総統自らが面会の時間を割いた。中国軍の動向など重要なインテリジェンスもまず日本に伝えた。

底流には、台湾社会で長年の国民党政権が抑え込んできた「親日感情」を自由に表現することが普通になり、台湾社会全体が日本との距離を急速に縮めていくプロセスが陳水扁政権時代に進んだこともあった。

一方、馬英九総統はハンディキャップを負っていた。馬英九は日本にあまり良い感情を持っていないとされる中国大陸出身者「外省人」の一族出身である。しかも、米ハーバード大学留学時代に尖閣諸島の領有権が日本にはないと主張する論文を執筆し、台北市長時代にも日本への厳しい姿勢を売り物にするなど「反日」と見られても仕方のない経歴を持った政治家だった。

選挙期間中に民進党の政敵は馬英九に「反日」のレッテルを貼って票を減らそうとし、馬英九は懸命に「自分は反日ではない」と否定する光景が繰り返されたのである。

当選間もない馬英九には不運な事件も舞い込んだ。二〇〇八年六月の尖閣諸島近海における台湾遊漁船の沈没事件である。好漁場である同海域には、日本からすれば違法操業の台湾漁船が頻繁に現れることで、近年、海上保安庁も厳しい対応を取ってきた。

当時、釣り客十数人を乗せた遊漁船は尖閣諸島から一二カイリの日本領海内に入り、海上保安庁の巡視船は接近、併走して臨検のための停船を呼びかけた。逃げる遊漁船と追う巡視船が双方の不注意から接触し、サイズの小さい遊漁船がはじき飛ばされて沈没。人命被害は出なかったが、船長や釣り客は沖縄に連行され、海保の取り調べを受けた。

尖閣諸島について、台湾側は日本の領有権を認めていない。国内政治的にも馬英九政権は日本を批判するしかなかった。日本に厳しい「右派」の国民党議員やメディアもこぞって日本批判を展開し、瞬間的に日本への反発が沸騰した。

当時、馬英九政権は発足したばかりで、政権内の安全保障・危機管理チームがまだ完全に立ち上がっておらず、対応は世論に流される形となり、本来なら痛み分けの大人の対応で解決すべきところを、劉兆玄・行政院長が「日本と一戦を辞さず」と発言するなど、馬英九政権の強硬ぶりは際だつ形となった。

結局、日本側が遊漁船への賠償を行うことで事態は収束したが、日本側には「やはり馬英九総統は反日ではないか」との疑義が、改めて持ち上がったのである。

台湾にとって日本は中国とならぶ最大の隣国であり、日米安保による安全保障上の有形無形の「保護」も不可欠なものだ。何より、四年後の再選に響くほど、日本への親近感が民衆に広く共有されている台湾での「反日」イメージは票を減らすのである。日本の馬英九不信を放置できなくなった馬英九総統は、自らの側近で外交政策アドバイザーの馮寄台を駐日代表として送り込んだ。

馮寄台によると、馬英九は着任前の馮寄台に「三つの任務」を授けたという。

一つ目は日本の羽田空港と台湾の松山空港を結ぶ日台シャトル路線を開設すること。これは二〇〇九年に交渉がまとまり、二〇一〇年秋に開通した。

もう一つは日本の外国人登録証問題で、台湾人は長年「中国人」と記載されてきたが、台湾の立場からすれば屈辱的な措置だった。任務はこの表記を「台湾出身」と改正させることで、これも二〇〇九年に入国管理法の改正が実現した。

そして、最後に残された任務が、台北故宮の日本展であった。

李登輝を動かした司馬遼太郎

しかし、日本政治の混乱が暗い影を故宮日本展に落とした。

史上初めての台北故宮展という目標を掲げて日本に着任した馮寄台に対し、主催団体になりたい日本のマスメディアは積極的にアプローチをかけた。

朝日新聞、日本経済新聞、産経新聞、NHK……。各社の社長クラスが馮寄台との面談を行い、「故宮展をぜひ我が社の主催で」と頼み込んだ。

故宮展は、外国の文化を紹介する芸術展としては、最も客が呼べるものの一つになることは予想がつく。初の故宮日本展を実現した社は、日本の文化事業史に名前も刻める。同時に、故宮展には、ほかの展覧会にはない様々な「困難」が控えている。困難であればあるほど、やってみたくなるのが経営者の心理というものだろう。

NHKは一九九六年から九七年にかけて、NHKスペシャルの大型連続番組「故宮～至宝が語る中華五千年」を放映した。このときNHKは、北京、台北の両故宮に、初めて同じ番組のなかでカメラを入れた。両故宮に収められた膨大な数の文物を通じて中国の歴史をひもとこうという野心的な企画で、広く注目を集め、視聴率も好成績を残した。

両故宮を一つの番組内で一緒に扱うことは中国や台湾のメディアにはできないことだった。番組制作にあたり、NHKも両故宮をめぐる微妙な政治問題に悩まされた。

それを救ったのが作家の司馬遼太郎だった。

NHKの企画に対して、中国政府は基本的に応じる姿勢を見せた。中国にとっては、未来の中台統一のために、両故宮が本来一つであるということを日本のテレビ局が文物を通じてアピールしてくれることに反対する理由はない。ネックは台湾側だった。

北京故宮の名称は「故宮博物院」。一方、台北の故宮の正式名称は「国立故宮博物院」である。この「国立」という部分が問題になった。中国は台湾を統治する「中華民国」の存在を認めていない。存在を認めない国の施設で「国立」を冠する名前が番組のエンディングで一緒に出てくることは受け入れられないのである。しかし、台湾は自分たちを国家だと当然、考えており、国立の名称を取ることはできないと強硬に主張し、NHKは困り果てた。

当時のNHK番組プロデューサー、後藤多聞は当初、当時の台湾の駐日代表で、国民党の大物政治家の許水徳に問題解決の手助けを頼み込んだが、結局、不調に終わった。

「政治家より文化人の力を借りた方がいいかも知れない」

後藤はそう考え、司馬遼太郎に協力を依頼することにした。

司馬遼太郎は、台湾の李登輝総統に特別なパイプを持っていた。同時に、同じ歴史作家の陳舜臣と共にＮＨＫの故宮番組のアドバイザーグループの一員でもあった。

後藤は、李登輝の説得を司馬遼太郎に賭けた。

週刊朝日の連載「街道をゆく　台湾紀行」のため、司馬遼太郎は一九九三年一月に李登輝とのインタビューを行っていた。李登輝は、このインタビューで「台湾人に生まれた悲哀」「国民党は外来政権」など、台湾の歴史に残る大胆な発言を数多く行っている。李登輝と意気投合した司馬遼太郎は外来政権の下で抑圧を受け続けてきた台湾の民衆に深い同情を示し、中国の台湾統一への野望を冷ややかにそのペンで描いた。

「台湾紀行」での発言もあって李登輝は中国から「隠れ独立派」とみなされるようになり、司馬遼太郎も李登輝インタビューがもとで中国への取材旅行ができなくなるなど、さまざまな因縁を残したインタビューだった。その席で、李登輝は司馬遼太郎に台湾東部の街・花蓮を案内することを約束していた。司馬遼太郎は李登輝と再会するため、同じ年の四月に台湾を訪れることになっていた。

四月の再訪時、司馬遼太郎は、李登輝に対して、「これを実現できるのはＮＨＫしかありませんよ」と頼みこんだ。司馬遼太郎のひと言は、絶大な効果を生んだ。その年の六月、後藤多聞は突然、台北故宮の秦孝儀院長から呼び出しを受けた。あれだけかたくなだった台北故宮が、ＮＨＫ側の条件を受け入れ、番組に協力することに同意したのだ。トップダウンのゴーサインが李登輝から下されたのである。

ＮＨＫは「国立」の文字を入れなくて済むように「北京故宮」「台北故宮」との呼称を使う妥

協案を提案した。台湾側が受け入れ、その後、中台の交流のなかでもお互いをこのように呼ぶようになった。この本でも原則、この呼称に従って中国と台湾の故宮を区別しているが、このときに始まった用語法である。

番組は平均視聴率一四～一五％を稼ぎだし、成功裏に終わった。しかし、司馬遼太郎は、番組放送直前の一九九六年二月にこの世を去った。自らがかかわった両故宮の番組を見ることはできなかったが、

「司馬さんがいなければ台湾側のＯＫは出ていなかっただろう」

と後藤多聞は振りかえる。

司馬遼太郎は、彼なりに故宮への探求を通じて、文物が体現する「中華」を理解したいという思いを抱いていた。後藤多聞に対し、あるとき、司馬遼太郎は「漢とは何か、中華とは何か」と問いかけたことがあったという。

「漢は民族的な呼称なのです。中華については、司馬さんは中華を文明として理解すべきだとおっしゃっていた。文明主義の観点から一つの地域を説明するためのものだと。しかし、実際には近代以降、政治的に使われてきた。その区別をはっきりさせたかったのでしょう、司馬さんは。番組ではこの問題をテーマにした陳舜臣さんとの対談も予定していただけに、本当に残念なことでした」

ＮＨＫスペシャルの放映後、『ふたつの故宮』と題する自著を出版し、番組内容をさらに深めた故宮論を展開した後藤多聞はそう回顧する。

この番組制作をきっかけに、NHKを主催として中台故宮による日本での共同展の計画が持ち上がった。司馬遼太郎も実現を望んだというが、問題になったのは「差し押さえ免除」という法律である。

分断された故宮の文物は、常に一方によって一方の「所有権」に疑義が呈され、奪還の動きを呼び起こしかねないというリスクをはらんでいる。台湾が心配しているのは、日本展のために故宮の文物を日本へ送り出した後、日本で中国が自らの所有権を裁判所に訴えて文物を台湾に戻さないよう差し押さえの仮処分申請を提出してしまったら、裁判所で法的な見解が下されるまで文物は身動きが取れなくなってしまうからである。

日本は中国と国交がある一方、台湾（中華民国）という「国家」は承認していない。もっとも、中台問題に対する日本の立場はあくまでも「中台は一つである」という中国政府の主張を日本は「理解し、尊重する」というもので、台湾が中国のものだと認めているわけではない。しかし、一般的に、文物を国家の所有物という観点で見るならば、所有権の法的な争議に関して台北故宮は日本において決して有利な立場にはない。台湾側にとって、文物が一時的にも海外で身動きが取れなくなってしまえば、台北故宮院長どころか、行政院長（首相に相当）の首すら飛びかねない事態になる。台北故宮が慎重になる理由もまた十分に理解することはできる。

戦後、台北故宮は何度か海外で大型の展覧会を行ってきた。

一九六一年と一九九一年に米国で展覧会を行い、その後も、ドイツ、英国、フランス、オーストリアなどで相次いで故宮展を実現させている。どの国でも、多少法案の名称に違いはあっても、

「差し押さえの免除」が可能であることが法的に保証されてから、台北故宮は収蔵品の貸し出しに初めて同意しているのである。

台湾側は当然、日本にも「差し押さえ免除」の立法措置を求めた。しかし、日本側は当時の国会情勢などを理由に議員立法は難しいということになった。このとき、中国の文物局は「台北故宮の文物が日本に行っても、差し押さえに動かない」との証文を出しても構わないというところまで、妥協案を示したが、台湾側は「北京の口約束だけでは信用できない」と受け入れなかった。そのため、NHKの番組をきっかけとする共同展構想は頓挫した。

平山郁夫も志半ばで

二〇〇〇年から八年間続いた民進党政権時代、故宮の日本展は前進することはなかった。中国と台湾との対立などもあり、日本側の主催者も二の足を踏んだ。

故宮日本展問題をめぐる様々な動きが各方面から噴きだしたのは国民党・馬英九政権が誕生してからである。

「故宮の日本展を実現させたい」。そんなメッセージを馬英九政権は日本側にはっきりと送った。これに対し、馬英九政権の誕生で中台関係が改善したことで、故宮をめぐる中台の政治問題に巻き込まれるリスクが大きく低減したことにより、日本側も動きやすくなった。

故宮日本展について、一九九〇年代には司馬遼太郎という戦後日本を代表する作家が間接的ながら関与したが、今度は日本の戦後画壇を代表する画家、平山郁夫が調整役に乗り出した。シルクロードを題材とした作品で名を成し、日中文化関係団体のトップを務めた平山郁夫は、中国政府に太いパイプを持っていた。その平山郁夫が、故宮展を人生の総決算とも言える大仕事と位置づけた。目指したのは北京、台北両故宮の共同展である。

目標の時期は二〇一一年に設定された。清朝を打倒した辛亥革命から一〇〇周年の年にあたり、過去にさかのぼればともに辛亥革命に源を発している共産党と国民党が政権を担《にな》う中台双方の故宮文物が東京で巡り合うというドラマチックな演出となる。

平山郁夫は歴史的な故宮展の舞台に日本で最もふさわしい場所――東京国立博物館（東博）を選んだ。政治的センスも備えていた平山郁夫らしい仕掛けである。

平山郁夫は中国政府の指導部の最高レベルの人物にパイプを持っていたので、日本出展への同意を取り付ける成算は十分にあった。問題は台北故宮に残っていた。台湾に日本出展を首肯させるには、日本政府が差し押さえ免除の法的措置を取らなければならない。

そこで平山郁夫は二〇〇九年、親しい間柄の自民党国会議員で親中国派の代表格である加藤紘一と、台湾派の中心として知られる同じ自民党の古屋圭司を、東京・赤坂のホテルへ食事に誘った。故・竹下登元首相の弟である竹下亘衆院議員、故・小渕恵三元首相の娘、小渕優子衆院議員らも同席した。

平山郁夫は切り込んだ。

「中国、台湾それぞれの故宮の逸品を日本に持ってきたい。皆さん、ここは一つ、一致して差し押さえ免除の法案を通してもらいたい」

加藤紘一、古屋圭司らも初の故宮日本展という歴史的な事業に一枚嚙むことを引き受けた。加藤紘一サイドからは会合後間もなく平山郁夫に対して連絡が入り、「自民党の総務会からすでに了承を得た。民主党も問題ない」との返事がもたらされた。

両故宮の文物がそろう大規模な展覧会となれば、どのようなメンバーで故宮展を取り仕切るかも下準備が必要になる。

二〇〇九年六月、東京・浅草橋の「亀清楼」。安政元年の創業の老舗で、平山郁夫お気に入りの料亭である。この日、平山郁夫は持ち前の人脈を駆使し、朝日新聞、NHK、全日空、電通、東博など、そうそうたる企業・団体のトップ級を集めた。

「中国、台湾のふたつの故宮は本来、一つのものだった。いま、不幸なことに、ふたつに分かれてしまっているが、一つにすることが、私の夢、私の希望なのです」

そのとき、すでに七九歳になっていた平山郁夫は熱っぽく語りかけた。

メンバーは暫定的に「両岸故宮博物院展示実行委員会」と名付けられた。

会長は平山郁夫。実行部隊として、朝日新聞、NHK、東博が調整にあたることになった。中国政府の文化部には平山郁夫が自筆の手紙を送った。台湾側には、差し押さえ免除の法案を通してからアクションを起こせばよい、となった。

ところが、計画が大きく動き出そうとしていた二〇〇九年八月、自民党は衆院選で大敗し、政権を失った。そこで法案に関する根回しもいったん白紙に戻ってしまった。

ほぼ同時に平山郁夫は脳梗塞を患い、最後まで「筆を持つ右手には注射しないでほしい」と話しながら、結局病状は回復することなく、同年一二月に世を去ってしまったのである。

司馬遼太郎といい、平山郁夫といい、人生のファイナルステージで故宮問題に取り組んだ二人の戦後日本を代表する文化人は、いずれも、故宮展の実現を目にすることなく世を去るという残念な偶然に見舞われる結果となった。

民主党政権の混乱で再び暗礁に乗り上げるも

一方で、中台故宮の共同展ではなく、台北故宮単独で、日本展を実現しようという動きもあった。産経新聞である。台湾と長年深いつながりを保ってきた産経新聞は台北故宮の単独日本展を最初から推しており、トップセールスも活発に進めた。

二〇一〇年五月、住田良能《すみだながよし》・産経新聞社長が台湾を訪問し、馬英九総統と会見した際、住田良能は「産経新聞はすでに三〇年前から国立故宮博物院の文物の日本展示を積極的に推進しており、これも日本国民が首を長くして待ち望んでいる盛大なイベントである。海外の文物保護などの関連法規については、日本国内ですでに進展がなり、フジサンケイグループも広範にして深淵たる中華文化を日本の国民が目にする機会が持てるよう、喜んでこれを促していく次第である」と述べ、強烈にアピールを行った。

住田良能は台湾とは浅からぬ縁を持っている。一九七〇年代の国民党一党独裁時代、産経新聞は独占的に蔣介石総統への取材を行うことを許され、『蔣介石秘録』（中国語版名称『蔣中正秘録』）を住田が中心となって執筆した。そのころから産経新聞としては、故宮の日本展は是が非でも自社の主催によって実現させたいというのが悲願だった。

馬英九総統は産経新聞に特に言質《げんち》を与えたわけではないが、住田はかなりの期待を抱いたようで、日本に帰国後、すぐに自ら東博を訪ね、「故宮展実現のおりには、ぜひ東博でお願いしたい」と頭を下げた。ただ、故宮展について、東博は微妙な立場に立たされており、産経が進める台北故宮単独展には簡単に乗れない事情がある。

なぜなら、東博は日本の国立博物館である以上、日本が国交を持たない台湾の台北故宮と最初に単独で展覧会を行うわけにはいかない。そのため、中台故宮の共同展が最低ラインとなる。平山郁夫の構想に東博が加わった理由もそこにあった。

東博以外でも、台北故宮の単独展には協力する国公立の博物館は見つからない可能性が高い。その場合、せっかくの故宮展でも会場が小さくなり、結果としてマイナーな展覧会になってしまいかねない。

平山郁夫の死去という予想外の事態はあったが、故宮展にかける台湾側の熱は冷えることはなかった。二〇一〇年に入ると、日本の国会議員への根回しを活発化させ、差し押さえ免除に向けた法案提出の動きが持ち上がってきた。

与党民主党が春の通常国会に、「海外美術品等公開促進法案」の提出を決定。法案は、展覧会の主催者の申請をもとに、文部科学省と外務省が協議のうえ、保護対象と期間を指定することで、差し押さえを回避するためのものだ。この法案には、野党になった自民党系の伝統的な親台湾派グループも相乗りした。

同年四月に台北駐日経済文化代表処内に成立した「台湾文化センター」の開所式に参加した平沼赳夫・日華議員懇談会会長は「五月の連休明けに法案が提出された場合には超党派で法案を通す」と明言し、故宮の日本展は実現に向かって近づいたかに見えた。

ところが、日本では鳩山首相が自ら火をつけた沖縄の米軍普天間基地問題への対処が失敗に終わったことで、国会の運営に遅れが生じ、故宮の法案どころではなくなってしまった。そのまま七月の参院選になだれこんで与党民主党は大敗。法案提出の下ごしらえは振り出しに戻った。

だが、台北故宮が求める差し押さえ免除の法案は、二〇一一年三月の通常国会で成立。台湾側に対し、朝日新聞、日本経済新聞などのメディアがアプローチを活発化させている。二〇一一年五月、私が馬英九総統を訪ねてインタビューを行った際、馬英九総統は「二〇一三年の実現が適切なタイミングかもしれない」と踏み込んで話した。

ただ、故宮の文物はなぜかトラブルに見舞われやすい運命の下にある。台北故宮文物の日本展も、今後、どのような予想外の展開が起きるか、予断を許さない。

文物に秘められた中華民国の価値観

博物館という存在は意外に雄弁だということを、故宮の物語をこうして紡《つむ》いでいるうちに知った。博物館は静的な存在という印象がある。実際はそうではない。内部の展示物は常に変化しており、展示に込められた生き生きとしたメッセージがいつも飛び交っているのだ。展示や、人々の表情や、空気から、そのメッセージをつかみ取ることは可能だ。

国家にはその意思や未来への理想を映し出す場所がある。建築がそうである。国会や首相官邸、記念モニュメント……。国家の目指す方向、指導者の理想などが、国家が主体となるような巨大建築にしばしば投影される。だから建築は時代の精神を象徴すると言われる。

こうした巨大建築がハードだとすれば、博物館は国家意思を体現化するソフトの代表格だと言うことができる。何をどう展示するのかに指導者や国家の理想が込められる。台北故宮という博物館をめぐる民進党と国民党との闘争は、博物館が政治的な装置になりうることの証左であろう。また、博物館は国家の強弱も象徴する。清朝末期という中国が弱かった時代、文物は海外に流出し、新中国の誕生後も文革などで故宮の運営は乱れた。

また、博物館を通じて、それぞれの国民の美意識や精神を理解することも可能だ。

故宮を訪ねるたびに確信を深めていることが一つある。日本人と中国人の「美」に対するセンスは根本的に違うのではないか、ということである。

中国人が「美しい」と感じるものは、総じて日本人から見ると「すごい」けれども、「美しい」どころか「禍々《まがまが》しい」「気持ち悪い」などと感じてしまうのである。

青銅器を例にとろう。銅と錫の合金である青銅器は中国で古代から高度に発達した。武具に用いられる一方、祭祀《さいし》用にも盛んに使われた。

現代に残っている青銅器は渋い青と黒の混ざった色をしていて、重厚さが際だって印象深い。くすんだ青銅の色合いは、日本人の好きな「さび」に通じないわけでもない。しかし、このくすみは経年変化によるもので、完成したばかりの青銅器は、まるで磨き上げたステンレスのように、まばゆくぴかぴかと輝きを放っているのだという。

古代中国の祭祀は主に夜に行われた。電気のない時代の闇夜のなか、輝く青銅器を生《い》け贄《にえ》に振り下ろした。文物は歴代の王が「神性」を民衆に確信させるために使われた。

青銅器にはしばしば、びっしりと文様が彫り込まれた。現在のラーメンの器にあるような雷文《らいもん》もその一つである。私が最も好きなのは怪物の文様を彫り込んだ青銅器だ。見開いた目、深く裂けた口、ぐねぐねと曲がった角。怪物か、龍か、鬼か。このような文様は饕餮文《とうてつもん》と呼び習わされている。饕餮は中国神話の怪物で、体は牛か羊で、曲がった角、虎の牙、人の顔などを持つ。饕餮の「饕」は財産を貪《むさぼ》る、「餮」は食物を貪る、という意味がある。なんでも貪る怪物から意味が転じて、魔でも何でも喰らう魔よけの神としても崇拝され、王は饕餮の器を使って人間を煮込み、自ら喰らった。文物を通じて、神を宿し、民に君臨したのだ。

そんな禍々しさをたたえる青銅器を、中国の人たちは美しいと感じる。

中華文物の歴史的意味についての日本有数の研究者、東北学院大学の冨田昇教授は「中国人の美に対する価値観の根底には、禍々しい青銅器を崇拝した独特の価値観がある」と指摘しているが、私もまったく同感で、一般の日本人には容易に理解しえない世界が、そこにはあるようである。

青銅器にとどまらず、故宮を考える日々は、中華民族にとって文物とはいかなる価値を持つのかを考える日々だった。自らの能力を超えた作業だという迷いを抱えながら、故宮という博物館の「不思議さ」に引きつけられ、一つずつ、故宮の文物や歴史の背後にある真実を探っていく旅だった。この取材では、台北、北京だけではなく、上海、南京、瀋陽、四川、重慶、湖南、香港、シンガポール、東京、京都などを訪ねて歩いた。インタビューとしてアポを取って会った人々は一〇〇人を優に超えた。

そんな作業のなかで、たどり着いたいくつかの考察がある。

中華の政治は文化を重視してきた。だが、中国以外の国の政治が唱える「文化重視」とは趣《おもむき》が違っており、中華において文化は政治そのものであると言うことができる。文化は政治の自己証明の道具でもあり、権力と社会、権力と歴史をつなぐ「標《しるべ》」でもあった。

政治の絶え間ない変遷に見舞われてきた中華民族にとって、歴史の伝承というのは極めて重要な問題である。中国は、世界四大文明の一つとされるほどの古い歴史を持った国であり、歴史は中国人の誇りである。中国には日本のような万世一系の天皇家はない。王家もない。すべて王朝は新しい王朝が生まれるときに滅んで、過去の王朝の一族は基本的に根絶やしに遭っているか、自ら、民衆の海に身を隠していった。中国の長い歴史を証明することができる家族や家系は基本的に存在していない。

しかし、自らの生命と存在に「誇るべき過去」があった、という事実はどこかで確認されなければならない。過去なくして人間は現在を受け止められない。その過去を伝えるのが文物なのであり、文物の所有者が歴史を所有するのである。

歴史をその手に持つことによって権力は「正統」であるという権威を持つ。

王朝が興るたびに、王が着手することは、戦乱によって離散した前王朝の文物を再び王のもとに集めることであり、同時に、自らも文化振興に血道を上げた。文化を持たない限り、中華の伝統に入ることができないからである。

王朝が衰退すれば再び文物が離散し、また新たな王朝の誕生によって、文物は王の元に呼び戻されるプロセスが繰り返された。王朝と文物は切り離せない関係にあった。

初代台北故宮院長、蔣復璁の論文によれば、周王朝の記録には王宮内に文物の収納場所が存在したことが記されている。前漢（西漢）には「石渠閣」「麒麟閣」、後漢（東漢）には「雲台」「東観」という宮廷内の図書館や博物館があった。唐代にも「凌烟閣」「弘文館」という名前の図書館や博物館があった。文化が豊かに栄えた宋代には「六閣」と呼ばれる六つの書画の収蔵場所があり、いまも故宮の収蔵品のなかには宋の印鑑を押したものが含まれている。故宮の収蔵品は宋王朝のコレクションに源を発すると言われる所以《ゆえん》である。北宋を滅ぼした金は文物をことごとく奪ったが、すぐにモンゴル民族に滅ぼされ、元王朝のもとに文物は渡った。さらに元が明に滅ぼされると、明は最初は文物を南京に運んだが、北平（北京）に遷都すると文物も南京から北平に戻った。

王朝が滅ぶたびに文物は流出し、興った王朝がまた文物を集めていく——。そんな文物の集散が繰り返された五〇〇〇年の歴史のなかに、本書で紹介した故宮文物の流出や流転、台湾への移送、国宝回流現象なども位置づけることができる。

故宮の文物をめぐる運命も、そうやって考えれば決して「数奇」というありきたりの形容で語るのではなく、必然的に繰り返されてきた文物の離散集合の歴史の一コマとして理解できるはずである。

清朝末期から中華民国初期に流出した文物は、中華帝国の衰退を象徴していた。戦乱によって、故宮の文物は南に逃れ、さらに大陸の奥地へと疎開していったことも、中華の弱体化が日本の侵出を招いたことによってもたらされた災厄だった。

蔣介石は故宮の文物を台湾に運んだ。これもまた、中華民族の分裂を象徴しており、ふたつの故宮の誕生は、中国世界の分裂の固定化を体現している。現在、台湾に故宮があること自体が中国革命をめぐる文物の流離譚がいまだに終わっていない証明となっている。

台北の故宮が北京に吸収される、という事態は今後五年や一〇年という近未来に実現することはあり得ないだろう。中国が台湾を武力で統一するという行動に出ない限り、台湾の国内総生産（GDP）を超える価値を持つとも言われる台北の故宮の文物を、台湾の権力者が手放すことはない。

中国大陸の伝統文化の精髄を集めた故宮文物は、長い流転の末、国民党の台湾への撤退という歴史の大変転によって台湾へ流れついた。中台分断後の台湾で、蔣介石・国民党政権は、一九六一年の米国展や一九六五年の台北故宮建設によって「中華文化の正統な後継者」であることをアピールする政治目的に故宮文物を利用した。台湾において、蔣介石は故宮というシンボルによって対外的な「国威発揚」を行い、内に対しては国民党とイコールである「中華」を故宮を通して台湾の庶民レベルに浸透させようと試みたのだった。

国民党の統治に反発する人々が立ち上げた民進党は、故宮を逆の意味で新しい政治のシンボルにしようとした。「脱中国」を故宮の「非中華化」を通じて果たそうとしたのだ。しかし、その試みは挫折する。

二〇〇八年に政権復帰した国民党は、民進党の故宮改革は否定しつつ、以前のような中華主義の宣伝に故宮を使うことは控えているように見える。むしろ、かつて蔣介石の故宮文物の台湾移転を「どろぼう」と呼んだ中国の方が、中華を中台の絆《きずな》として強調するため、中台故宮の交流を巧みに政治利用しているのは、歴史の皮肉だと言えようか。

今後、中台改善という政治の新たな潮流の中で、故宮の存在が格好のツールとして一層政治利用されていくはずだ。同時に、台北故宮日本展の実現も、馬英九政権の対日外交という文脈の中で、着実に進められていくはずである。

一方、清朝末期から世界に拡散していった文物が中国に戻っていく時流は、はっきりと我々の目の前に現れている。今後、中国の大国化によって、政治的、経済的、文化的に、「国宝回流」のトレンドは強まりこそすれ、弱まることはないだろう。潮の干満や月の満ち欠けのようなものであり、これからは、中国にとって「満」の方向に文物をめぐる事態が進むことは間違いないからである。中国は今後、北京故宮を基軸に「文化強国」への歩みを一層確かなものにするだろう。

そう考えると、中国と台湾に存在する「ふたつの故宮博物院」は、歴史の生き証人であると同時に、中華世界の未来を見極める指標なのである。

本書に登場する主な人物

蔣介石　しょう・かいせき（一八八七―一九七五）　中国・台湾の政治家。中国・浙江省生まれ。若き日に日本で陸軍教育を受ける。孫文の死後に国民党内で実力をつけ、北伐によって権力基盤を確立。国民政府の主席となった。日中戦争に勝利したが、続いておきた共産党との内戦に敗北。台湾に政府、党、軍を引き連れて撤退する際、故宮の文物を移送する決定を下した。一九七五年の死去まで、「中華民国総統」として独裁者の地位にあった。

宋美齢　そう・びれい（一八九七―二〇〇三）　蔣介石の妻。中国・上海地方生まれ。浙江財閥の宋家の娘。孔祥熙の妻・宋靄齢《あいれい》（長姉）、孫文の妻・宋慶齢（次姉）を姉にもち、「宋家の三姉妹」と呼ばれる。米国で教育を受け、流暢な英語と立ち振る舞いから米国の政財界で人気を集め、蔣介石にかわって対米交渉を任されることも少なくなかった。故宮文物には愛着が強く、台北故宮の理事会に名を連ね、故宮内に執務室ももっていた。蔣介石の死後は主に米国で暮らした。

孫文　そん・ぶん（一八六六―一九二五）　中国の政治家・思想家。広東省生まれ。医師だったが、清朝打倒運動のリーダーとなり、国民党の前身となる中国同盟会を結成。辛亥革命により、一九一二年に中華民国の臨時大総統に就任した。中国革命の基本理念となる三民主義を提唱し、現在も台湾では「国父」と呼ばれ、中国でも革命の先駆者として尊敬を集めている。台北故宮の正門に掲げられている「天下為公（天下をもって公となす）」は孫文が好んだ言葉。台北故宮のロビーには銅像もある。

愛新覚羅・溥儀　あいしんかくら・ふぎ（一九〇六―一九六七）　清朝末代皇帝。清朝時代は宣統帝と称された。清朝滅亡後は満州国皇帝となった。日本の敗戦後はソ連の捕虜となり、中国に帰還した後は共産党のもとで政治犯として再教育を受けた。特赦を受けた後は一市民として生活を送った。

李登輝　り・とうき（一九二三―）　台湾の初代民選総統。戦中に日本の京都帝国大学で農業経済学を学ぶ。農業の専門家として蔣経国総統時代に出世を重ね、副総統から一九八八年の蔣経国死去を受けて代理総統に就任、九〇年に総統に。九六年に直接選挙で総統に再任された。中国と台湾を区別する「台湾本土化」を推進した。

陳水扁　ちん・すいへん（一九五〇―）　前台湾総統（民進党）。台南県出身。台湾大学法学部を卒業し、弁護士として民主化運動を支援。立法委員、台北市長を経て、二〇〇〇年に総統当選。〇四年に再選。退任後に不正送金、汚職などの罪で逮捕され、現在、服役中。在任中は故宮改革を推進し、「故宮の台湾化」を目指した。

馬英九　ば・えいきゅう（一九五〇―）　現台湾総統（国民党）。香港生まれ。台湾大学法学部を卒業し、米ハーバード大学で博士号取得。帰国後、蔣経国総統の英語秘書などを務め、一九九八年から台北市長。二〇〇八年に総統に当選した。中台関係の雪解けを打ち出し、中台故宮の初めての交流に道を開いた。

那志良　ナー・チーリアン（一九〇八―一九九八）　元故宮研究員。満族。一九二五年の故宮博物院発足時からの生え抜きで、文物の疎開、台湾移転、台湾での台北故宮設立まで、すべてに立ち会った故宮の生き字引的存在だった。『故宮四十年』など故宮史に関する著書多数。

杭立武　ハン・リーウー（一九〇三－一九九一）　国民党の党官僚・政治家。中国・安徽省出身。一九四九年の故宮文物台湾移転時に教育部次長として実質的に指揮を執った。台湾への撤退後も教育部長、フィリピン大使など要職を歴任。

蔣復璁　チアン・フーツォン（一八九八－一九九〇）　初代台北故宮院長。中国・浙江省生まれ。国民政府で中央図書館長や故宮博物院館長（北京）を歴任し、国民党と共に台湾に渡った。一九六五年の台北故宮設立時に院長に就任し、八三年まで務めた。

秦孝儀　チン・シアオイー（一九二一－二〇〇七）　台北故宮の第二代院長。中国・湖南省生まれ。国民党の文化・言論部門で要職を歴任し、蔣介石の遺書起草の責任者も務めた。蔣家と関係が深かった。一九八三年から二〇〇〇年まで十七年間院長を務めた。

杜正勝　トゥー・チョンション（一九四四－）　民進党政権下の初代台北故宮院長。台湾・高雄生まれ。歴史学者。中央研究院研究員などを経て、二〇〇〇年に院長就任。〇四年に教育部長（大臣）に転任。国民党に政権が戻って以降は台湾大学教授。

林曼麗　リン・マンリー（一九五四－）　前台北故宮院長。近代美術の専門家で、日本の東京大学の博士号を取得。台北市美術館館長を経て、二〇〇四年から故宮副院長。〇六年に女性として初めて院長に就任。民進党・陳水扁総統の文化政策アドバイザー的な存在として故宮改革を進めた。

周功鑫　チョウ・コンシン（一九四七－）　現台北故宮院長。大学卒業後、故宮に就職。蔣復璁、秦孝儀の両院長に秘書として仕えた。故宮展覧組組長を経て退官し、輔仁大学博物館学研究所長を務めた。二〇〇八年五月の国民党政権復帰を受け、林曼麗につぐ二人目の女性院長に。中台故宮交流を進めている。

鄭欣淼　チョン・シンミアオ（一九四七－）　現北京故宮院長。中国・陝西省出身。青海省副省長、国家文物局副局長などを務め、二〇〇二年に故宮院長に就任。「故宮学」の創設を提唱し、故宮の歴史や収蔵形態に詳しい。

乾隆帝　けんりゅうてい（一七一一－一七九九）　康熙《こうき》帝、雍正《ようせい》帝と並び、「三名君」とされる清朝皇帝。在位は六十年に及んだ。各地に遠征を行って版図を拡大する一方、文化を愛好して自ら書もたしなみ、多くの文物を意欲的に収集し、現在の故宮コレクションの原型を作った。

※人名の平仮名は日本での通例的な読みを示した／現存者の肩書きは二〇一一年四月現在

西暦	故宮および中国・台湾・日本をめぐる主な動き
一九一一	一〇月、辛亥革命始まる。清朝末代皇帝溥儀が退位を宣言。臨時政府は溥儀が退位後も紫禁城の旧宮中に住み、「後日、頤和園に移る」ことを認める。
一九一二	一月、中華民国成立。孫文が臨時大総統に就任。のちに袁世凱にその地位を譲る。二月、溥儀が退位。
一九一四	北京政府（当時、中華民国は南北に分裂していた）は、清朝の熱河避暑山荘と盛京（瀋陽）故宮の文物を中心に紫禁城に古物陳列所を設立。
一九一五	日本、対華二十一カ条要求。中国人の対日感情が悪化。
一九一九	排日の動きが強まり五・四運動に発展。中国国民党成立。
一九二一	中国共産党成立。
一九二四	政府は溥儀の紫禁城からの退去を決定。故宮博物院の前身となる「清室善後委員会」が設立され、紫禁城内の宮廷文物の整理に着手。
一九二五	孫文死去。故宮博物院が発足し、一〇月から一般公開を始める。
一九二八	国民政府の蔣介石による北伐が完了し、中国全土が統一される。故宮博物院も国民政府に接収され、「故宮博物院組織法」が公布された。この間、日本は統一を妨害するため山東出兵を行い、また、奉天軍閥の張作霖を爆殺する謀略を仕掛ける。
一九三一	日本軍は満州（中国東北地方）の柳条湖で鉄道を爆破。これを口実に軍事行動を起こす（満州事変）。
一九三二	三月、日本は溥儀を執政（のちに皇帝）に据え、満州国を建国する。
一九三三	日本、国際連盟を脱退。華北情勢が緊迫する中、故宮文物の南方移送が決定され、文物は南京を経由して上海に運ばれる。故宮博物院に加え古物陳列所や頤和園などの宮廷文物も一緒に移送される。南

	送文物は総計一万九五五七箱に及ぶ。
一九三五	上海に置かれた文物から優れた七三五点を選り抜いて、ロンドンで開催された中国芸術国際展覧会に出展。英海軍サフォーク号で上海から英国に運ばれた。
一九三六	故宮博物院南京分院が完成、上海の租界にあった文物が運ばれる。
一九三七	七月に盧溝橋事件、八月に第二次上海事変が相次いで起こり日中対決の流れが本格化したのを受けて、南京の文物のうち、ロンドン展に出展された文物を中心とする八〇箱（第一陣）を長沙に移送。年末には九三三一箱（第二陣）が水路で漢口に移送される。日本軍は上海、続いて南京を占領。
一九三八	第一陣の文物はさらに西の貴陽に移転。第二陣の文物も重慶に運ばれる。陸路で南京を出発した七二八七箱（第三陣）は陝西省宝鶏に到着。日本軍は重慶への爆撃を開始。
一九三九	第一陣の文物は貴陽郊外の安順の洞窟に安置される。第三陣は四川省峨眉に、第二陣は四川省楽山郊外の安谷郷に、それぞれ安置される。
一九四一	太平洋戦争始まる。
一九四四	安順の第一陣文物を四川省巴県に移送。
一九四五	日本降伏。国民政府が北京の故宮博物院と南京の分院を接収。
一九四六	国共内戦始まる。
一九四七	すべての文物が重慶経由で南京に戻される。
一九四八	国共内戦で国民党側の劣勢が続く。一一月に故宮博物院理事会は文物の台湾移送を決定。第一陣が一二月に台湾・基隆に到着。
一九四九	第二陣、第三陣が台湾に到着。国民政府の首脳・軍・官僚機構などは台湾に撤退。一〇月に共産党が中華人民共和国の成立を宣言、北京の故宮博物院を引き継ぐ。

一九五〇	台湾・台中県霧峰郷北溝に保管庫が完成。
一九六一	台湾・国民党政権が故宮文物の米国展を実施。
一九六五	台北郊外に台北故宮が完成。
一九六六	中国で文化大革命が激しくなり、北京故宮も一般開放を停止。
一九七一	北京故宮が一般開放を再開。
一九七二	日本と中国が国交を正常化。これに伴い、日本はそれまで国交のあった台湾と断交。
一九八七	北京故宮のある紫禁城が世界遺産に登録される。
一九九一	台北故宮の精品四五二点による米国展。
二〇〇〇	台湾で初の政権交代。陳水扁・民進党政権が台北故宮院長に杜正勝を任命。
二〇〇四	台北故宮で石守謙が院長に就任。
二〇〇六	台北故宮で林曼麗が院長に就任。初の女性院長。
二〇〇八	国民党の馬英九総統が誕生。台北故宮院長に周功鑫を任命。二人目の女性院長。中台関係の改善が始まる。
二〇〇九	二月、台北故宮の周院長が北京を初訪問。三月、北京故宮の鄭欣淼院長が台北を訪問し、中台故宮交流が本格化。

蔣伯欣「『國寶』之旅：災難記憶、帝國想像，與故宮博物院」（「中外文學」2002年 2 月）
「戴萍英基金會珍藏」クリスティーズ、2008年12月

〈中国語記事（繁体字）〉
「故宮國寶遷台延續中華文化香火」（「亞洲周刊」2009年 3 月 1 日）
「杜正勝訪秦孝儀論及故宮定位」（「聯合報」2000年 4 月27日）
「兩岸故宮院長新春正式互訪」（「中國時報」2008年12月31日）
「兩岸故宮歷史性合作　雍正打頭陣」（「聯合報」2009年 1 月 6 日）
「周功鑫學界繞一圈」（「自由時報」2008年 5 月 1 日）
「故宮南院建築師　提告索賠四千萬」（「聯合報」2008年11月26日）
「離散百年三希帖　後年聚台北故宮」（「聯合報」2009年10月14日）
「故宮院慶　文物分類走回老路」（「自由時報」2008年10月 9 日）
「期盼故宮注入台灣新精神」（「自由時報」2008年 4 月29日）
「故宮弊案向上燒」（「聯合報」2007年 5 月24日）
「翠玉白菜遊南台　文化新體驗」（「中國時報」2004年 1 月20日）
「龍應台、林曼麗　紛争打佳」（「中國時報」2000年 5 月19日）

〈中国語書籍（簡体字）〉
那志良「我与故宮五十年」黄山书社、2008年
「国宝工程2002－2007」中华抢救流失海外文物专项基金、2008年
温淑萍「话说沈阳故宫」辽宁大学出版社、2008年
陈文平「流失海外的国宝」上海文化出版社、2001年
杜金鹏主编「国宝」长江文艺出版社、2007年
昊树「谁在收藏中国」漫游者文化事业股份有限公司、2009年
故宫博物院编「故宫博物院」紫禁城出版社、2005年
故宫博物院编「故宫博物院八十年」紫禁城出版社、2005年
郑欣淼「紫禁内外」紫禁城出版社、2008年
李海明、惠君编「国宝档案」人民文学出版社、2008年
国家文物局「中国文物事业改革开放三十年」文物出版社、2008年
杨剑「中国国宝在海外」中国友谊出版公司、2006年

〈英語書籍〉
Plunder and Preservation: Cultural Property Law and Practice in the People's Republic of China. Murphy, J. David. New York: Oxford University Press, 1995.

中野美代子「愛国心オークション――『円明園』高値騒動」(「図書」2009年7月号)
〈日本語雑誌記事・展覧会図録〉
「大特集　台北故宮博物院の秘密」(「芸術新潮」2007年1月号) 新潮社
「別冊太陽　台北故宮博物院」(2007年6月) 平凡社
井尻千男「美のコンキスタドール」(「選択」2005年12月号)
藤井有鄰館「有鄰館精華」1975年
黒川古文化研究所「黒川古文化研究所名品展―大阪商人黒川家三代の美術コレクション―」(展覧会図録、2000年9月)
西村康彦監修「甦る南遷文物―中国南京博物院蔵宝展―」(展覧会図録、1998年) ＴＢＳ
〈中国語書籍 (繁体字)〉
「國立故宮博物院年報」2008年版
杜正勝「藝術殿堂內外」三民書局、2004年
杭立武「中華文物播遷記」臺灣商務印書館、1978年
那志良「故宮四十年」臺灣商務印書館、1966年
莊嚴「山堂清話」國立故宮博物院、1980年
王鎮華等「論述與回憶：王大閎」誠品書店出版、2008年
徐明松編「國父紀念館建館始末――王大閎的妥協與磨難」國立國父紀念館出版、2007年
鄭欣淼「天府永藏」藝術家出版社、2009年
馮明珠「故宮勝概―新編」國立故宮博物院、2009年
〈中国語論文 (繁体字)〉
蔣復璁「復興中華文化之要義」(「故宮季刊」1966年創刊号)
蔣復璁「國立故宮博物院遷運文物來台的經過與設施」(「故宮季刊」1968年冬号)
沈哲煥「政府遷台文物之定位與歸屬」2003年
「國立故宮博物院十年工作報告」(「故宮季刊」1976年夏号)
何聯奎「故宮博物院之特質」(「故宮季刊」1971年春号)
陳夏生「老裝老運好」(「故宮文物月刊」2005年10月号)
黃寶瑜「中山博物院之建築」(「故宮季刊」1966年7月号)
石守謙「八十週年感言」(「故宮文物月刊」2005年10月号)
桂宏誠「中華民族的凝成：國家認同與文化一體」(國政研究報告：2002年9月30日)
張臨生「國立故宮博物院收藏源流史略」(「故宮學術季刊」1996年4月号)
「國立中央博物院籌備處存台文物品名及件數清冊」(1949年11月作成、國民黨黨史館所藏)

参考図書・記事一覧

〈日本語書籍〉

吉田荘人「蔣介石秘話」かもがわ出版、2001年

荘厳「遺老が語る故宮博物院」二玄社、1985年

蔣介石秘録取材班「蔣介石秘録―日中関係八十年の証言―」（上下）サンケイ新聞社、1985年

司馬遼太郎「台湾紀行　街道を行く40」朝日文庫、2009年

陳舜臣・阿辻哲次・鎌田茂雄・中野美代子・竹内実・NHK取材班「故宮至宝が語る中華五千年」（１－４）日本放送出版協会、1996－97年

愛新覚羅溥儀「わが半生　『満州国』皇帝の自伝」（上下）ちくま文庫、1992年

後藤多聞「ふたつの故宮」（上下）日本放送出版協会、1999年

Ｒ・Ｆ・ジョンストン「完訳　紫禁城の黄昏」（上下）祥伝社黄金文庫、2008年

ウォレン・Ｉ・コーエン「アメリカが見た東アジア美術」スカイドア、1999年

古屋奎二「これだけは知っておきたい故宮の秘宝」二玄社、1998年

伴野朗「流転の故宮秘宝　消えた王羲之真蹟の謎」尚文社ジャパン、1996年

伴野朗「消えた中国の秘宝　三つ目の故宮博物院」講談社、1998年

板倉聖哲・伊藤郁太郎「台北　國立故宮博物院を極める」新潮社、2009年

児島襄「日中戦争」（１－３）文藝春秋、1984年

國立故宮博物院編撰「故宮七十星霜」國立故宮博物院、1996年

冨田昇「流転清朝秘宝」日本放送出版協会、2002年

〈日本語論文〉

冨田昇「山中商会展観目録研究・日本篇」（「陶説」538号－543号、1998年）

川島公之「中国観賞陶器の成立と変遷」（「陶説」528号－535号、1997年）

松金公正「台北故宮における中華の内在化に関する一考察」（「台湾における〈植民地〉経験」所収、風響社、2011年）

家永真幸「故宮博物院をめぐる戦後の両岸対立（1949－1966年）」（「日本台湾学会報」第９号、2007年）日本台湾学会

福田円「毛沢東の対『大陸反攻』軍事動員（1962年）」（「日本台湾学会報」第12号、2010年）日本台湾学会

石守謙「皇帝コレクションから国宝へ」（東京文化財研究所編「うごくモノ　『美術品』の価値形成とは何か」所収、平凡社、2004年）

新潮選書

ふたつの故《こ》宮《きゅう》博《はく》物《ぶつ》院《いん》

著　者………………野嶋《のじま》剛《つよし》

発　行………………2011年6月25日
3　刷………………2011年11月30日

発行者………………佐藤隆信
発行所………………株式会社新潮社
〒162-8711　東京都新宿区矢来町71
電話　編集部 03-3266-5411
読者係 03-3266-5111
http://www.shinchosha.co.jp
印刷所………………三晃印刷株式会社
製本所………………株式会社植木製本所

乱丁・落丁本は、ご面倒ですが小社読者係宛お送り下さい。送料小社負担にてお取替えいたします。
価格はカバーに表示してあります。

ISBN978-4-10-603682-8 C0322